Gertrud Höhler

Gesinnungskonkurrenz der Intellektuellen

Gertrud Höhler

Gesinnungskonkurrenz der Intellektuellen

Edition Interfrom AG · Zürich

CIP-Kurztitelaufnahme der Deutschen Bibliothek

Höhler, Gertrud:
Gesinnungskonkurrenz der Intellektuellen. - 1. Aufl. - Zürich: Edition Interfrom; Osnabrück: Fromm [in Komm.],1978. (Texte + [und] Thesen; 106: Sachgebiet Gesellschaft)
ISBN 3-7201-5106-9

Vertrieb für die Bundesrepublik Deutschland:
VERLAG A. FROMM, Osnabrück
Einbandgestaltung: Waltraudt Ahrens
Gesamtherstellung:
DRUCKHAUS FROMM GmbH. & Co., Osnabrück

INHALT

Ideologisierung der Intelligenz 7

Gesinnungsethik statt Erkenntnis 16

Tendenzgeschichte der Intellektuellen 23

Intellektuelle Tagträume für die Jugend 31

Realitätsnot als Heilstugend 38

Das Dilemma der Konservativen 48

Intellektuelle als Indikatoren 59

Anmerkungen 73

Ideologisierung der Intelligenz

Der Intellektuelle, wie sein Idealportrait ihn darstellt, kann nur eine fiktive Rolle füllen, weil sein reiner Typus in unserer Praxis nicht vorkommt. In den idealisierten Selbstprotraits seiner schillernden und disponiblen Statthalter bleibt er als Idee von der reinen Erkenntnislust lebendig, während sie Gesinnungslüsten nachgeben. „Der Intellektuelle ist jemand, der vor allem besessen ist von einem Verlangen nach der Erkenntnis der Wahrheit, auch wenn die Wahrheit möglicherweise nicht schmeichelhaft ist und seinem Privatinteresse nicht dient": Das Selbstbildnis des Intellektuellen, wie Max Frisch es zeichnet, ist noch 1977 von klassischer Noblesse[1].

Das allgemeine Vorverständnis vom Intellektuellen hält immer noch ein Potential aus Erwartungen bereit, das die Eignung des Begriffs bestätigt. Der zweckdienlichen Verplanung des Vexierbildes von ‚Intelligenz' widmen sich die Meinungsmacher: Politiker und Ideologen. Freilich decken diese bereits Spielarten des verfügbar gewordenen Geistesverwalters ab, der Züge des Intellektuellen für sich einfordert. Da Überzeugungen die Illusion von Freiheit gewähren, sehen alle diese verplanten Köpfe sich als die Gewährsleute der vorurteilsfreien Erkenntnis: als Intellektuelle.

Ein Titel, der so kontrovers gehandelt wird, kann nur an seinem gedachten Ideal auf seine Substanz geprüft werden. Der Intellektuelle – wenn er jener wäre, der die Macht des Wortes übt, ein Stand, dem kein Berufsbild unserer Zeit entspricht, neugierig und kritisch zugleich, frei von Effizienzzwängen, dem Verstande verpflichtet und auf der Hut vor den Gewölken des Gefühls: Wenn der Intellektuelle dieser freie Mann wäre, müßte er über den Parteiungen und über den Schwaden der Ideologie, über den Dunstschleiern des Interesses fast den Rang einer zuverlässigen Instanz erreichen. Frei von emotionalen Eintrübungen durch Engagement, wäre er ein Asket gegenüber Solidarisierungen, ein Geistesarbeiter ohne Zwecke, einzig getrieben vom Heißhunger nach Erkenntnis. Zumindest tendenziell ist er denkbar, dieser Beobachter zwischen den Stühlen, einsam ohne das Pathos der Einsamkeit, vernarrt in seinen selbsterteilten Auftrag, jenes Schauspiel, in dem ihm keine Rolle angeboten wurde, zu verstehen.

Den Intellektuellen dieser Spielart findet heute niemand auf; kaum einer sucht und fordert ihn. Dagegen wird vom ‚Intellektuellen' viel geredet, von seiner analytischen ‚Macht' eine Menge erwartet. Der Intellektuelle hat einen Teil seiner Kritikerfreiheit an ein Engagement vergeben; seither zeigt sich, daß er die trefflichsten Sentenzen seines Beobachterparts aus den Textbüchern einer Idee abliest statt aus dem lebendigen Geschehen seines Staates, seiner Gesellschaft. Seine Narrenfreiheit allerdings fordert er trotzdem ein; und sein Privileg als tatenarmer Geistesheld, das keine zahlbare Verantwortung an seine Erkenntnis knüpft, möchte er nicht aufgeben.

Hauptergebnis der ideologischen Eintrübung des analytischen Geistes ist aber nun freilich jener Fund, der uns seit mehr als zehn Jahren zu schaffen macht und Berge ohnmächtiger Worte produziert hat. Die Kernformel, von Intellektuellen für Intellektuelle und solche, die es werden möchten, als Signalwort formuliert, verbindet zwingend das ideologische Konzept – in der ‚Kritischen Theorie' zum Denksystem geronnen – mit dem Gnadenstand der Intellektualität. Der Geist stehe links: Dies galt als Umkehrschluß und wurde zur werbenden Einladung an junge Intelligenz, sich ihre intellektuelle Qualität auf dem weltanschaulichen Felde bescheinigen zu lassen; das Verdikt über sogenannte ‚Rechte' fällt implizit. Keiner Überlegung wert wäre dieser Zusammenhang nun, wenn man mühelos zu der Überzeugung fände, das zeitgeschichtliche Gestirn lasse Intelligenz nur für Linke zu oder, per Umkehrschluß, wer intellektuell fähig sei, den treibe der Wind der Wahrheit auf die Linke.

Ebenfalls keiner Nachfrage wert wäre das Problem, wenn man ganz ohne alle Umstände zur Gegenparole fände, die in den letzten zehn Jahren leidenschaftliche Ausrufer gefunden hat, ohne zu einem festen Text verschmolzen zu sein. Der Geist wehe rechts – oder in der Mitte: Dies mag niemand entschieden behaupten. Auch auf der Rechten findet sich mehr Ideologie als Geist. Nichts freilich von jenem Zauber verklärt die Auftritte der Rechten, kein Hauch jener irrationalen Attraktion, die von der intelligenten Linken ausgeht. Bedenklicher noch: Es bleibt unabweisbar die Bilanz, daß ‚links' die brillanteren Köpfe streiten, die Rede geschliffener, der Gestus durchdachter sei, ungeachtet der eigentlichen Grundfrage, ob die Argumente tragen.

Der ‚linke Intellektuelle' erscheint deshalb als die Inkarnation des Geistigen in unsrer Zeit, weil er – nicht etwa rational am treffendsten, aber mit rationalem Habitus – den Nerv der Zeit trifft; ein Phänomen, das an geistige Kriterien zunächst nicht geknüpft ist. Heißt dies nun, daß die Rechte, ‚heimatlos', wie sie 1974 von Gerd-Klaus Kaltenbrunner apostrophiert wurde, den Geist der Zeit nicht aufgesogen hätte? Der Nerv ist nicht der Geist, und als die ‚Konservativen' auf der Woge ‚Tendenzwende', so überschätzt deren Reichweite auch gewesen sein mag, zu neuen Ufern aufbrachen, hatten sie guten Wind vom ‚Geist der Zeit'; das bescheinigten ihnen auch die Linken. Mit dem unbegriffenen Phänomen der Resonanz aus der falschen Ecke fertigzuwerden, wählt die Rechte Techniken, die Erfinder wie Zeugen, zumindest die intelligenten unter beiden, letztlich unbefriedigt lassen.

Einerseits bot sich die stolze Selbstgenügsamkeit des Verkannten an; Mahnungen, als Konservativer oder Rechter könne man am fehlenden Erfolg die Unfehlbarkeit der Lehre erkennen, flossen aus den Federn stolzer Rechter. Raffinierter gab sich der Nachweis, der wahre Konservative sei, weil zeitlos, deshalb fortschrittlicher als die zeitgebundenen Linken. Die große Umarmungsgeste der Konservativen für die Technik wurde zwiespältig offeriert: Nicht jeder Konservative mochte ‚Technokrat' sein, weil diese in den Verdachtsstrudel gerieten, Verfechter des Bestehenden um jeden Preis zu sein, zynische Wölfe des Kapitalismus im Schafspelz der ‚ewigen Werte'.

Die Linke blieb nicht müßig, nachdem die Gefahr als ernst

erkannt war: Sie seien die eigentlich Konservativen, ließen Carl Améry, Iring Fetscher und andere, mit dem Ostberliner Wolfgang Harig in guter konservativ-unbürgerlicher Gesellschaft, wissen. Die Gazettendiskussion wurde und wird von wenigen Stimmen bestritten. Was die Linken dabei am deutlichsten von den Rechten unterscheidet, ist ihr terminologisches Korsett, das elitäre Reflexionsniveau der philosophierenden Autoritäten, mundgerecht auf den Begriff gebracht für die Adepten: die ‚Theorie'. Rechte haben häufig und gern diagnostiziert, in der formalen Überlegenheit dieser fixfertigen Rhetorik stecke aller Zauber ‚linker' Wirkung, und sie konnten für ihre Beweisführung verbuchen, daß diese Theorie auch von Köpfen angelernt und von frechflinken Stimmen feilgeboten wurde, die ihr geistig keineswegs gewachsen waren, sich aber behende und unbehelligt in der Aura solcherart usurpierter ‚Intellektualität' bewegten. Auch bei dieser Erklärung wurde niemandem wirklich wohl.
Da Linke das ‚Theoriedefizit' zum Indiz für die Orientierungslosigkeit der Rechten, zumal der Konservativen erklärten, eilte man von rechts mit doppelten Waffen, wie so häufig, um den Vorwurf zu entkräften. Einerseits: Man bedürfe nicht der Theorie, da man sich am je Vorgefundenen bewahrend bewähre – und andererseits, der Macht des Gegners mit angepaßter Argumentation weichend: Man könne konservative Theorie formulieren, die freilich, so setzte Kaltenbrunner 1973 auseinander[2], eine gewisse „Diskontinuität" aufweise – unter anderm deshalb, weil es nie eine organisierte „konservative Internationale" gegeben habe. Theorie als Organisationsproblem: Auch diese Erklärung bleibt unbefriedigend.
Rechts stehen und links denken: Selbst dieser geschmeidige Wahlspruch brachte es nicht zu breiter Wirkung; er trägt die Spuren der Reaktion, ist defensive Beschwörungsformel. Die Linke nun, von rechts der Utopie geziehen, tat Ähnliches, freilich wieder eine Spur gescheiter: Richard Löwenthal diagnostizierte 1973 eine „konservative Utopie" bei Wortführern der Konservativen wie Helmut Schelsky[3]. Iring Fetscher

bot, ebenfalls 1973, in einer Replik auf Kaltenbrunners Theoriediskussion den ebenso einfachen wie überzeugenden, wenn auch unergiebigen Gedanken an, nicht die konservativen Denker hätten sich vermehrt formiert, sondern die konservativen Probleme[4]. Damit war jeder Verdacht der ideologischen Schizophrenie, wie er im ‚Spiegel' zu Anfang des Jahres 1973 aufgeklungen war[5], gegenstandslos. Was überwache Linke für die „blaue Blume linker Innerlichkeit" halten konnten, schien erklärt fast ohne Rest.

Die Aura der linken Intelligenz aber blieb. Sie überdauerte die überschätzte ‚Tendenzwende', sie dominierte jede anspruchsvolle Diskussion; die Linke imponierte mit ihren Vertretern, die offensiv und selbstsicher, unerbittlich und überzeugt auftraten. Überzeugung, freilich, hatten ihre rechten Kontrahenten immer auch zu bieten, aber sie war allzu häufig von jenem Zuschnitt, der Gesinnungen als eine Form der geistigen Beschränkung oder gar Beschränktheit erscheinen läßt: Als „Partei der Stupiden" erschienen sie schon gut hundert Jahre früher John Stuart Mill, dem Liberalen; mit dem Vorwurf der Dummheit, Irrationalität und Reflexionsschwäche setzen sich dann auch die Verteidiger des interessanter gewordenen Konservatismus zu Anfang unserer siebziger Jahre auseinander. Thomas Molnar entwirft 1972 eine speziell konservative Intelligenz[6], die grundverschieden sei von der progressiven. In der Defensive auch er, einer Art Beweisnot folgend und willig die Erfolgsprädikate des Gegners auf die eigene Fahne schreibend, als sei darin Erfolg beschlossen, zieht er das Fazit: Einzig die „konservative Intelligenz" sehe sich „in der Lage, den Lauf der Welt zu erklären". Die Begründung: Man sei nicht behindert durch fertige Lösungen, wie die linken Theoretiker. Das ist wieder Reaktion auf den Vorwurf des Theoriedefizits mit dem Gegenvorwurf der ideologischen Utopie.

Die Gegenseite hatte das Feindbild des Konservativen schon 1967 entworfen: Nichts fürchte der Konservative mehr als „Dialektik und Aufklärung", meinte damals Hermann Glaser im ‚Vorwärts'[7]. „Überheblichkeit" sei die Konservativentechnik zur Kompensation solcher Ängste. Die Chancen schienen dem Autor damals für Konservative günstig, weil – und da ist es wieder, das Etikett der „Beschränktheit"! – das Volk unmündig genug sei, um solchen Lehren Geschmack abzugewinnen. Der ‚Intellektuelle', auch für Linke die direkte Kontrast-Assoziation zum Konservativen, bleibe Schimpfwort, klagt der Autor 1967. Wenigstens für ihn, den Intellektuellen, so scheint es, haben sich aber dann die Zeiten gebessert. Bemerkenswert: Im Jahre 1967 durfte auch ein linker Autor noch meinen und sagen, es gebe Intellektuelle auf beiden Seiten. Die rechten, so sah es Glaser damals, unterschieden sich von den linken Intellektuellen nur dadurch, „daß sie Intellektuelle Intellektuelle schimpfen".

Also verantworten die Rechten die Ächtung des Intellektuellen auf der Linken? Nicht der Intellektuelle selbst schleppte seinen Ehrentitel nach links? Wie aber trat dieser Totalverlust auf der Rechten ein, da doch denkende Köpfe dort zurückblieben? Wie auch kann die Rechte den Intellektuellentitel freiwillig nach links ideologisiert haben, da sie doch so schmerzlich gegen seine Träger polemisiert, daß man auf einen bitteren Verlustfall schließen muß?

Die Frage also bleibt. Nicht einmal ihr genauer Wortlaut steht fest. Sie könnte lauten: Warum zog es die Mehrzahl der Intellektuellen zur Linken? – Oder aber: Kann man nur auf der Linken intellektuelles Niveau entwickeln? – Und, entsprechend: Ist die Rechte kein Aufenthalt für Intellektuelle? Ist das Gedankengut der Rechten, des Konservatismus, von einem Zuschnitt, der Intellektualität nicht duldet oder nicht anzieht? – Und schließlich: Ist der Eindruck, die Rechte entbehre der intellektuellen Potenz, eine erfolgreiche Unterstellung der Linken? Ist der Linke lediglich ein publikumswirksamer Fassadengestalter? Die Rechte wäre somit das, was ihre Anwälte gern behaupten: eine unscheinbare, wohlgeratene Schönheit, deren Tugend die Bescheidung als verkannte Edle ist. Dies wäre im politischen Raum eine irrationale Torheit, die zur Disqualifikation nicht nur deshalb ausreichen würde, weil sie der Intelligenz entbehrte. Selbst die Macht des Wortes, von deren Dürftigkeit viele Beobachter überzeugt sind,

ließe sich mit solcher Verzichtethik weder erringen noch verteidigen.
Was im ‚Vorwärts' 1967 als ‚Neokonservatismus' geortet wird, das weist im gleichen Jahr ein Rechter als Tendenz zum „konservativen Fortschritt" aus[8], die von „ungezwungenen" und „nonkonformistischen Oasen" ausgehe, in denen bewahrende sich mit fortschrittlichen Kräften mischen. Schon damals also, nach dem Aufleuchten der Studentenrevolten, wird mit dem Rücken an der Wand gekämpft, während man sich entspannt gibt. Man entschuldigt sich für den Bewahrungswillen mit Fortschrittsabsichten, kontrastiert das Bekenntnis zum „Dienen" und „Regieren" im Hegelschen Prinzip der Veränderung, um den Vorwurf der Beharrung zu entkräften. Das Gespenst der deutschen Diktatur treibt in solchen Spiegelgefechten sein Wesen. Wo die Konservativen unter der Last der Ge- schichte stöhnen, weil sie geschichtlich argumentieren müssen und historisch denken, entkommen die Linken in die Zukunft, präsentieren sie das wohlbestellte Feld einer Theorie, das aus humanitärem Saatgut die keimfreie Feldfrucht weltweiter Solidarität verspreche.
Die Schmähvokabel vom linksintellektuellen Konformismus hat in der Selbstcharakteristik der „nonkonformistischen" Konservativen ihr Pendant. Zur Entwicklung eines begrifflich manifesten ‚Rechtsintellektualismus' aber kommt es nicht. Nicht einmal als Vision eines heimatlosen Rechten taucht der ‚rechte Intellektuelle' in den Auseinandersetzungen der beiden Fronten auf. Die Erfolgsdefizite lokalisiert man zu Anfang der siebziger Jahre gern im Defizit an Theorie oder auch in der Abwesenheit einer ‚Idee'. Eine rechte „Theorie zu schaffen", wie es Kaltenbrunner 1973 mit Nachdruck fordert[9], klingt nun freilich wie das Angebot eines Freifahrbillets, nachdem alle Züge, mit denen man aus guten Gründen nicht fahren wollte, abgefahren sind. Wo die Linken ihre Ahnengalerie restaurieren, reklamiert der Rechte jetzt eine „Patristik" des Konservativen, preist den Nutzeffekt einer wohlorganisierten Ahnenreihe und liebäugelt mit dem Beispiel des „intelligenten Heiligen", der ohnehin nur eindimen-

sionalen Köpfen eine contradictio in adiecto sein kann. Immer noch scheint die Beweislast bei den Konservativen zu liegen; jedenfalls scheinen sie eine solche unverändert zu fühlen.
Man ließ sich ‚rechts' auf das dekretierte Theorie-Erfordernis ein und machte sich an den Nachweis einer eigenen, wiewohl man zugleich noch weiter an der Abwehr dieses Zugzwangs arbeitete: Die linke Theorie sei realitätsuntüchtig, die linke ‚Idee' – deren Pendant man auch schon entwarf – sei Utopie. Warum blieb die Rechte in der Defensive? Warum ließ sie sich ihre Argumente vom Gegner diktieren? So nur konnte es der Linken und der regierenden linken Mitte gelingen, den Konservativen selbst ihre besten Argumente im Bedarfsfalle zu entwinden, ohne daß diese ernstlich Besitzansprüche geltend machten. Heruntergekommen zur Polemik von Bundestagsdebatten, verdünnt ein weiteres Mal in deren Presse-Echo, wird die Substanz der Konfrontation von Linken und Rechten, zumal jener der ‚Intellektuellen', unkenntlich.
1974 zeichnet sich, während Bazon Brock im ‚Spiegel' die „Bürger auf der Flucht nach rechts"[10] sieht, erste Zufriedenheit bei der ‚Rechten' ab. „Progressiv", so formuliert man nun offensiv, „ist nicht mehr chic"[11]. „Man trägt wieder konservativ", vermerkt die ‚Zeit' mit distanzierter Ironie[12]. Mit Stolz verbucht man nach rechts driftende Liberale; der unermüdliche Konservative Kaltenbrunner entwirft das Zukunftsbild einer „neuen Rechten", er verzeichnet mehr Staatsbedürfnis beim gesellschaftsmüden Bürger, das mit verfeinerten Sicherheitsbedürfnissen verknüpft scheint: Die Tagespolitik dringt vor, es gibt konkretere Geschäfte als jenes, den Intellektuellen zu begreifen. Bazon Brock meint im ‚Spiegel' 1974 sogar, „politische Karriereuniformen" hätten nun wieder „rechten" Zuschnitt[13]; gleichzeitig aber vermerkt er Abnutzungserscheinungen der Grenzwälle zwischen rechts und links. Brock entdeckt auch die Fanfare, der wir noch 1977 lauschen: ‚Werte' werden gesucht; das Verlangen nach der Dauerhaftigkeit gesellschaftlicher Zustände erscheint als vage Sehnsucht nach Sicherheit an ihrer Spitze.

Nun liegt auch offen zutage, was in den Jahren zuvor theoretisch ausgefochten wurde: Es gibt eine Spielart des Konservativen im marxistisch-leninistischen Lager. Brock ist sogar der Meinung, so mancher habe das linke Selbstverständnis nur deshalb zu seinem eigenen gemacht, um „desto ungestörter konservativ sein zu dürfen".

Nicht nur die Weiterungen ‚linker' Theorie in der terroristischen Praxis beginnen sich abzuzeichnen; auch die friedlichen Versuche ungezählter Jünger linker Intellektualität, die verehrte Theorie zu leben, verlaufen Mitte der siebziger Jahre im Sande bürgerlicher Bindungssehnsucht. Diskussionsmüde suchen die Konsumidylle.

Konservatismus, so meint Brock, sei der allgemein um sich greifende Trend dieser Jahre, gleichviel von welchen Parteien regiert werde; und verantwortlich für seine Ausbreitung sei das Bedürfnis nach – Geschichte.

Tatsächlich scheint die Rechte von solcher neuen Lizenz ermutigt. Ernst Topitsch redet 1974 in verschiedenen Varianten von der „seriösen Intelligenz"[14], ohne diese ausdrücklich gegen linke Optionen zu verteidigen. Dankbar und mit leisem Triumph verzeichnet man, daß auch der Widersacher Améry nunmehr den Rechten Ansätze zu einer Ahnenreihe zugestehe: Max Weber und Raymond Aron etwa. Die Kulturrevolution als „Revolte der Halbgebildeten"; „messianischer Anspruch", gefolgt von „dürftigen Leistungen": Topitsch zieht mit einer Polemik Bilanz, deren aggressive Note neu ist. Die Demutshaltung der Konservativen, der Rechten, so meint er, sei überwunden; das liberale Lager gebe Anhänger an die Rechte ab, die linke Theorie sei abgenutzt und in ihren Fehlbeständen erkannt; die Professoren schließlich, intellektuelle Gewährsleute der linken Generationenfolge, sieht Topitsch zu aufgeklärter Umkehr versammelt. Sieht er recht?

Die Gestalt des Intellektuellen, zumindest ihr Bildnis, leidet unterdessen an Auszehrung. Leidenschaftlich intellektuell mag keiner mehr sein. Auch Linke denken leiser; mancher Brocken ihres Wortschatzes geistert jetzt in ‚rechten' Reden;

die ‚konservativen' Probleme bleiben dankbar genossener Zankapfel. 1977 wird der nach Jahren immer noch junge Gerd-Klaus Kaltenbrunner von gegnerischer Zunge zum „Cheftheoretiker der Tendenzwende" ausgerufen[15]: ein Signal, daß auch diese schon historisch geworden ist – wiewohl ungeklärt blieb, ob es sie überhaupt gegeben hat.
Die Entlastungsfunktion der Institutionen ist seit einigen Jahren wieder erlaubtes Thema; und während die Linke sich als Umweltschützer eines konservativen Themas annimmt, gelingt es ihr erneut, die Konservativen beim Selbstverrat zu ertappen: Améry entlarvt in den ‚Technokraten', die sich als Menschheitserhalter ausgeben, schmalbrüstige Anhänger von „liebgewordenen Organisations- und Denkmustern"[16]. Armin Mohler pariert die Schläge; er läßt auch die Identifikation des Linken mit dem Intellektuellen wieder aufleben, freilich degeneriert im Linksliberalen, und schmückt ihn mit einem „Troß aus halbgebildeten Müßiggängern"[17].

Gesinnungsethik statt Erkenntnis

Konnten noch Ende der sechziger Jahre die Konservativen den Primat ihrer Analysen gegen die Utopie der Linken halten, so geraten die zukunftstüchtigen konservativen Veränderer der siebziger Jahre unter das ironische Verdikt der Linken, dessen Text aus rechten Rollenbüchern abgeschrieben scheint: Analytiker benötige man, nicht Propheten[18].
Ebenfalls bis zum Ende der sechziger Jahre konnten die ‚Linksintellektuellen' den Anspruch vertreten, die Intelligenz schlechthin zu sein, wenn sie der Definition folgten, die den intellektuellen grundsätzlich machtfern und damit in Opposition zu den herrschenden Machthabern sieht. Bald entstand dann freilich jenes bis heute nicht schlüssig analysierte Phänomen, daß nicht nur die Machthaber um den Intellektuellen warben – dies gehört seit alters her zum Geschäft der Herrschenden –, sondern daß die linke Intelligenz ihrerseits den Machthaber umwarb und seine Werbetrommeln rührte.

Beide, Herrschende wie Intellektuelle, fielen hier aus ihrer herkömmlichen Rolle. Weder suchten die Herrschenden den Pakt mit der Intelligenz, um den Oppositionellen an die Kette zu legen, noch schlich der Intellektuelle sich als Hofnarr bei ihnen ein, um ihnen eine unerwünschte Lektion zu erteilen. Freilich kann nicht geleugnet werden, daß der Pakt mit den Machthabenden von kurzer Dauer war; dies hatte aber weniger Ursachen in Gegensätzen zwischen dieser Macht und dieser Intelligenz als vielmehr im Zuschnitt des Intellektuellen selbst, der die konkreten Geschäfte flieht und auf die Position des räsonierenden Zuschauers zurückweicht.

Daß es aber zu solcher Affinität zwischen den Intellektuellen und der Macht überhaupt kam, belegt einen Grundzug des zeitgenössischen Intellektuellen: Er politisiert seine Position und verläßt damit den Freiraum des erkenntnishungrigen Analytikers endgültig. Sein traditionelles Privileg, ideologisch disponibel und politisch nicht involviert zu sein, hat der Intellektuelle damit preisgegeben. Die ‚linke Intelligenz' führt also tatsächlich das Signal im Titel, das den Intellektuellen in der Selbstaufhebung zeigt: Intelligenz als kollektives Phänomen, ideologisch festgemacht, politisiert im Selbstverständnis. Alle diese Kennzeichen machen den Intellektuellen, der sich immer noch und nicht absichtslos so nennt, zum Widerspruch in sich. Absichtsvoll erscheint sein Beharren auf dem Ehrentitel deshalb, weil dieser den Anspruch auf eine ganz spezielle Machtposition erlaubt: jene des glaubwürdigen, weil unabhängigen Richters und Diagnostikers, dessen Position zwar nirgends verbrieft, aber um so disponibler ist, so daß ihm nirgends eine Nichtzuständigkeit bescheinigt werden kann; wahrlich in Spezialistenzeiten ein unschätzbares Privileg. Das Privileg – ein Stichwort, in dem das Dilemma des linken Intellektuellen Gestalt annimmt. Im Zustand des Widerspruchs, wie er antrat, bleibt er verstrickt in seine selbstgewählte Unfreiheit.

Wollte der ‚linke Intellektuelle' konsequent sein, so müßte er, mit allen Mitteln und allen Rechten, auch die Intelligenz zur gleichmäßigen Verteilung an die chancengleichen Brüder aufbereiten. Dennoch schimmert durch, daß diese Intelligenz sich, ganz im Widerspruch zu ihren ideologischen Bindungen und Lehren, sehr wohl als eine Kaste mit exquisiten Rechten versteht und daß sie, trotz ihres politischen Anspruchs, namentlich vom Recht des nachweisfreien Welt-Entwurfs ausgiebig Gebrauch macht.

Beide, der Intellektuelle wie der Machthaber, dokumentieren mit ihrem wechselseitigen Werben umeinander die spezielle Korruption ihres jeweiligen Selbstverständnisses: Der Machthaber, welcher um den Intellektuellen wirbt, nicht um sich seiner zu bedienen, sondern um ihn zu umarmen, hat ein ebenso gestörtes Verhältnis zu dem Geschäft, das er führen soll: der Macht, wie der Intellektuelle zum seinigen, wenn er seine privilegierte Distanz zum Machthaber, die sein Auftrag und die Rechtfertigung seiner Privilegien ist, aufgibt, um den Machthaber zu umarmen. Wiewohl der ‚linke' Intellektuelle mit seiner Botschaft, die Ohnmacht korrumpiere die Machtlosen, recht hat, wird er im Dunstkreis des Machthabers der Korruption, die von der Macht ausgeht, schwerlich entgehen.

Den Intellektuellen, der per definitionem ein Nichthandelnder im Sinne der ‚Sachzwänge' ist, zieht es heute zu den politisch Handelnden. Ist es die Handlungsohnmacht des einzelnen im modernen Institutionenstaat, die den intellektuellen Analytiker, dessen Gedanke nicht mehr durchbricht in die Taten der Handelnden, zum Bruch mit sich selbst veranlaßt, zum Engagierten, zum Ideologen macht? Die große Handlungsverweigerung an den einzelnen könnte die Affektüberhitzung der Jungen ausgelöst haben, die es in den Handlungsersatz der linken Diskussion trieb: intellektuelle Agitation als Ventil für verweigerte Aktionen. Die ‚linke' Theorie erlaubte es, das Nichthandeln mit Sinn zu füllen; der denkerische Akt erhielt hier den Charakter einer Vorlust, weil er die Analyse nach dem Muster ‚linker' Theorie als bewußtseinsklärenden Handlungsersatz anbot. Wo der Intellektuelle in dieser Weise ‚Schule macht', entsteht zwangsläufig eine Art

Pseudo-Intellektualität; denn nicht der Hunger nach Erkenntnis, sondern sekundäre Impulse wie ‚Sinndefizit' und Handlungshemmung geraten zum kollektiven Sog in Richtung der ‚linken' Intelligenz.

Nachdem der Intellektuelle die Knechtschaft der Idee, die Bindung an die Theorie, den potentiellen Pakt mit den Mächtigen wählte, verkehren sich unter der Hand die Vorzeichen seiner Existenz: War die Handlungshemmung Indiz seiner analytischen Geistesarbeit, so stilisiert sein Gefolge die eigene Handlungshemmung nun zur Legitimation der intellektuellen Existenz. Die bereitgestellte Theorie, spekulative Leistung und Werkzeug des kritischen Intellektuellen, wurde sinnverkehrt zum Eintrittsbillett für die intellektuelle Szene; Theoriebesitz, der per Terminologie usurpiert werden konnte, stellte vom Handeln frei. Die Legionen der solcherart legitimierten Mitläufer erkannten rasch den Nutzwert des Sozialprestiges, das der intellektuelle Gnadenstand immer noch vermittelt; sie wußten auch abzuschätzen, daß durch praktisches Tun ein ähnlich gelagertes Prestige kaum ohne größeren Zeit- und Kraftaufwand zu erreichen ist. Aus der so aufgewerteten Rolle der Theorie, die nun Indikator und Zugangskriterium zugleich wird, erklärt sich die Überbetonung der ‚Theorie' in der Abgrenzungsdiskussion mit dem Gegner. Die Rechten, die den Jüngerzustrom linker Intellektueller getreu dieser Botschaft auf das Konto der magischen Größe ‚Theorie' schrieben, ohne den wahren Zusammenhang zu durchschauen, traten deshalb in den Wettstreit um eine attraktive Theorie ein.

Ideologie steht nun für zweckfreie Sinnerkundung, Engagement für Analyse. Dieses Virus hat weder Linke noch Rechte, noch die von beiden vereinnahmten konservativen Positionen verschont gelassen. Daß der Linke den Intellektuellentitel für sich gewinnen konnte, klärt sich daraus nur insoweit, als es ihm gelang, Indizien der intellektuellen Tatenarmut zu attraktiven Legitimationen umzubiegen; dies sicherte ihm eine Anhänger- und Ausruferschaft seines Standes, wie sie die ‚rechte' Intelligenz nicht zu aktivieren verstand. Weit trägt freilich auch diese Erklärung noch nicht.

Man wird der Rechten den Vorwurf nicht ersparen können, daß sie die Polemik der Analyse vorangestellt hat und darüber versäumte, die ‚linke Theorie' zu durchdringen und zu diskutieren. Von da aus wäre jede Polemik als intellektuelle Gegenposition ausgewiesen, und der Ressentimentverdacht, der den Rechten zäher anhaftet als den Linken, ließe sich zerstreuen.

Der Intellektuelle, wenn seine brennende Leidenschaft die möglichst ungetrübte Erkenntnis ist, müßte durch ein untrügliches Kennzeichen auffallen: Sein Erkenntnishunger müßte seinen Bekenntniseifer übertreffen. Das bedeutet: Welchem weltanschaulichen Konzept er zuneigt, müßte erst in zweiter Linie interessant sein. Heute aber ist der Zeitgeist ein Dämon der Bekenntnisse; wer nicht ideologische Positionen ausdünstet, wer nicht Weltanschauung und Bekenntnis trägt wie ein starkduftendes Parfum, der wird verdächtig. Gesinnung heißt die Devise. Wenigen Beobachtern fällt auf, welcher eklatante Widerspruch hier zwischen dem intellektuellen Gestus und dem Kategorienwust klafft, der sich in den Waffenkammern der Intelligenz türmt: ‚Humanität', eine weltpolitisch kostümierte Familientugend; ‚Werte' – staatswissenschaftlich aufgeputzte Sehnsuchtsvokabel, die der paradoxe Zustand massenhafter Vereinsamung produziert; die ‚Menschenrechte', weltweiter Exkulpierungsversuch an den Staatsgeschäften irrewerdender Mächtiger. Der Intellektuelle Max Frisch bestätigt 1977 die Begriffsverwirrung mit ungebrochenem Selbstbewußtsein: „Ich kann mir nicht denken, daß Politik ohne die lästige Assistenz der Intellektuellen eine geschichtliche Chance hat"[19].

Die Rechte, so zeigt sich, konnte dem Sog zum Bekenntnis so wenig entkommen wie der Gegner, an dem sie sich maß. Wo der Linke seine Theorie ins Feld führte, schlägt der Rechte nun den Kanon seiner Werte auf. Die Rechte wetteifert mit der Linken in denselben Kategorien, mit denen der Gegner ihr den Rang abgelaufen hat: Sie treibt moralisierende, ethisch eingenebelte Politik. Der Versuchung, der Linken ihre Rezepte abzugucken, konnte die Gegenseite auf die Dauer nicht widerstehen. Das Haus des Zeitgeistes hat viele Wohnungen; daß aber mehr Verbindendes die Kontrahenten eint als diese wissen und wünschen, scheint dennoch unübersehbar geworden. Daß auch die Rechte nun nach ‚Theorie' sucht, hat ja nicht allein mit dem Vorbild der Linken zu tun. Schon die ‚Linksintellektuellen' hatten ihre Theorie zum Weltersatz gemacht, weil uns die ganzheitliche Schau auf die Praxis dieser Welt nicht mehr gelingt.

Fluchtwege boten Detailaufnahmen unter dem Motto ‚Sensibilisierung', boten Wertanreicherungsverfahren nach der Parole ‚Lebensqualität'. Die ‚Lebensqualität' führt uns auf eine ergiebige Fährte: das Leben als Ware, die der Umverteiler Staat, zum gigantischen Supermarkt mit Sozialstation degeneriert, verwaltet. Sicherheit zu spenden vermag dieser Staat nur noch gebrochen im materiellen Erfordernis erster Ordnung, dem warenhaften Wohlbefinden seiner Bürger. Macht, Garantie der Sicherheit, kann dieser Staat nur noch nach Maßgabe des materiellen Wohlbefindens seiner Bürger entwickeln. Da seine Macht nach außen an Verzichte der Bürger im Innern geknüpft ist, schwindet sie dahin.

Man war nicht müßig: Die Intellektuellen stellen eine Ethik des materiellen Wohlbefindens bereit, die familiäre Tugendkataloge zum staatspolitischen Erfordernis umzustilisieren erlaubt.

Da Theoriebesitz den Intellektuellen längst als Prestigegarant vertraut ist, neigen sie zur Überschätzung der magischen Größe ‚Theorie'. Diese wird zum sittlichen Wert nobilitiert. Da Sozialprestige im großen Verwechslungsspiel als Schlüssel zu materiellen Werten einen Selbstwert repräsentiert, muß in einer Hierarchie der materiellen Werte, einer Art Konsumentenethik also, der Zugangsmechanismus zum Prestige ebenfalls in den Rang eines sittlichen Wertes aufrücken.

So drängt die unerbittliche Theorie die neue ‚Sensibilität' immer wieder auf die Einbahnstraße der Ideologie; wenn nicht die ideologiefreie Wahrheit, eine reine Utopie, so doch

die ‚reine Position' hatten die ‚sensibilisierten' Linken suchen wollen.
Eine allgemeine und klassenlose Humanität, wie sie in der ‚linken' Theorie erscheint, entspricht als politisierte Familiarität den Bedürfnissen der eigentlich unpolitischen Intelligenz. Im positiven Echo auf das humanitäre Pathos der Linken werden kollektive Zufluchts- und Verbrüderungsbedürfnisse manifest, die in einer technologischen Umwelt die Suche nach Bindungen und ihrer Schutzwirkung signalisieren. Wo bleibt die Rechte, wo bleiben die Konservativen vor solchen Notständen der Zeitgenossenschaft, die der Linken so fruchtbar wurden? Diese hätte inzwischen viele Spielarten dieser Notstände mit zu verantworten, wenn nicht der Intellektuelle das absurde Recht eines straffreien Zechprellers in Anspruch nähme.
Wo die Linken den Verdacht entkräften müßten, sich der Mangelzustände ihrer Zeitgenossen bedient zu haben um diese zu gewinnen, hat die Rechte mit dem schwererwiegenden Vorwurf zu kämpfen, ihre Erkenntnischance vertan zu haben, weil sie, dem Bekenntnissog folgend, die Positionsmeldung über die Analyse stellte. Rechte wie Linke machen sich überdies einer Verwechslung schuldig, die mit der sinkenden Staatsmacht die zunehmende Verunsicherung der Staatsbürger verantwortet: Sie übertragen die Kategorien häuslichen Anstandes und zwischenmenschlicher Ethik in die staatspolitische Dimension. Die Staatsdiener, immer in potentieller Umarmung mit den Intellektuellen, folgen zumindest partiell diesem Ethos, das Arnold Gehlen als eine überdehnte Sippenmoral definiert hat[20]. Menschenrechtsthema und Wertediskussion sind die Kampfplätze, wo solche Begriffsverwirrung virulent wird.
Ausgeplündert auch historisch, wie er ist, mag sich der Zeitgenosse auf Distanztugenden, die politische Tugenden sind, nicht einlassen. Sein Beifall gilt den Umarmungskonzepten, weil sie die Vorlust der Geborgenheit gewähren und die Illusion der Stallwärme erzeugen, nach der er hungert.
Die programmatische Aufblähung des Intellektuellen-

themas, die quantitativen Wucherungen seines Standes, sein Werben um Gefolgschaft, seine Abtrünnigkeit von der intellektuellen Rolle: sie alle scheinen wiederum mit dem schwindenden Gewicht des Staates verknüpft, aus dem die Intelligenz ihr Selbstbewußtsein nicht mehr beziehen kann. Die Politisierung bürgerlicher Werteskalen scheint aus diesem Mangel hergeleitet. Ohne politische Bühne, politisiert der Intellektuelle seinen Stand.
Den Pluralismus der Werte, den er außen als verstörende Größe antrifft, müßte der Intellektuelle nach innen verlegen, um ihn als seinen ureigenen Konflikt auszutragen. Statt dessen hat er die Flucht in die Ideologie angetreten, läßt sich trösten von den Mächtigen, statt sich in analytischer Distanz zu üben, die sein Handlungsklima wäre.

Tendenzgeschichte der Intellektuellen

Der unverplante Geist, dem Züge des Weisen zukämen, Attribute des Philosophen gebührten, wird auch in kühlen Gesprächsrunden unterdessen längst als Pendler zwischen beiden Lagern eingeplant. Trieb es die Mehrzahl dieser disponiblen Geister lange Zeit nachdrücklich zur Linken, so streben einige von ihnen nun merklich nach rechts. Man treibt in Gruppen und hat das individuelle Reflektieren mit der unwirtlichen Unabhängigkeit zugleich aufgegeben. Der ungebundene Analytiker, den kein Engagement fesselt, wird kurzerhand zur Fiktion erklärt.
Die Intellektuellen haben von jeher ihre Statusdefinitionen selbst geliefert; beschäftigt, wie sie sind, definieren sie deshalb heute den Intellektuellen als den ehrenhaft verplanten Kopf. In der Begründung für seinen Bekenntniseifer sind sich beide Fronten einig: Um des Geistes, des Staates oder des Menschen willen – die Worte können nicht groß genug sein – sei nur noch das stolze Bekenntnis, das unerbittliche, nur noch die erstrittene und möglichst auch erlittene Position glaubwürdig. Nachdenkende Beobachter kommen nirgends zu Worte.

Die Linke hat zwar die Formen ihres Auftritts, nicht aber das Programm gewechselt, wenn nun auch hier das schmollende Beiseitestehen unermüdlicher Experimentierer beobachtet wird, die im Bildungswesen ihren schlechten Lohn für gute Taten beklagen. Der Habitus ist ein Rezept der Rechten, wenngleich ein wenig erfolgreiches. Wenn die Linken die Märtyrerattitüde ihr verdanken, so ist das Nachahmungsarsenal der Rechten erheblich praller. Verstohlen mögen es die einen oder anderen unter den Konservativen wissen: Man fand spät Worte, und dann nur am Gegner orientierte; man trachtete Erfolgsgarantien wie die magische ‚Theorie' zu adaptieren und stieg halben Glaubens – wenn auch fester Zuversicht, im Besitz der ‚rechten Lehre' zu sein – in die Arena. Geschmückt mit Intellektuellen, agiert nun auch die Rechte selbstbewußter, weil sie, unter Druck, sich selbst ein wenig besser zu begreifen beginnt.

Ihr geistiges Niveau scheint dabei hinter der Plausibilität ihres Wertekodex zurückzubleiben; das Angebot selbst wirkt deshalb simpler, anspruchslos und emotionenreich, von unreflektierten Begriffen pathetisch infiziert. Links wird derweil die kühle Theorie exemplifiziert und unauffällig modifiziert, der Zukunftsentwurf im klaren Gewande der Kulturvernunft, der Humanität präsentiert. Der abwägende Kopf scheint immer noch hier zu Hause; der brillante Denker, furchtlos ohne Pathos, fällt der Jugend immer noch hier ins Auge, während sie im Konservativen dumpf die Züge ihres Vaters erkennt, voll guten Willens, aber ohne Glanz, dem Leben zugewandt und spektakulären Zukunftsträumen abhold.

Was haben diese Zeichen zu bedeuten? Ruft der historische Augenblick zu Konfrontationen, ist Sinnerkenntnis nicht zu leisten, wo der Bekenntniszwang auch für Intellektuelle zur moralischen Forderung auszuarten droht? Da die Politiker zu moralisieren begonnen haben, konnte dieser Akzent beim politisierten Intellektuellen nicht ausbleiben. Das Einverständnis, die Parteiung zählt; auch kluge Köpfe bringen sich einstweilen unter. Analysen, die den Titel nur partiell verdienen, bekennen so entschieden Farbe, daß auch dem neugierigsten Leser kaum Antworten zufallen, wenn er sich die fesselnde Frage nicht ausreden läßt, welches Gesetz die intellektuellen Fronten trennt und polemisch bindet; was ihre Konfrontation, was die Bekenntnislust der freigesetzten Geister bedeutet. Der Intellektuelle ist beschäftigt mit Parolen, Strategien, Konfessionen.

Er neigt dazu, sogar die eigene Geschichte als eine Chronik fortschrittlichen Engagements oder konservativer Gegensteuerung zu schreiben. Sein Bildnis schillert, und er selbst, im linken oder rechten Szenenteil aus der Kulisse tretend, beteuert heute, so ans Gute, Wahre und Rechte habe seine Spezies die Seele immer schon und gern verkauft. Das klingt moralisierend, rechts wie links, und fordert Respekt ein, den zu rechtfertigen offenbar niemand ernstlich verlangt. So lebt der Geist von der Bekenntnisehrfurcht seines Publikums.

Die zeitgenössische Intelligenz beschreibt sich in diesen Jahren wortreich; ihre Beunruhigung über die eigene Konfessionsbereitschaft ist unverkennbar. Fordert, wer den freien Kopf vermißt, Unzumutbares? Gibt es aber im leeren Tausch polemischer Monologe, den Rechte und Linke zelebrieren, eine schmerzlichere Lücke als jene, die den überlegenen Beobachter erwartet, der beiden spendet, was sie einander verweigern: vorurteilsfreie Aufmerksamkeit? Ist der Intellektuelle, dem sein anerkannter Titel unterdessen jede Lebensform erlaubt, in solchem Amte überhaupt nicht denkbar?

Rechts wie links entwickelt er einige gleichlautende Rollenkennzeichen. An gegnerischen Fronten in schöner Einmütigkeit entfaltet, müssen solche Übereinstimmungen einer unwiderstehlichen Macht folgen, die dem jeweiligen Bekenntnis überlegen ist. Was die Gegner eint, verspricht auch Auskunft über jenen Sog ins Weltanschauliche, der sie ins eine oder andere Lager abtrieb und den Wächterposten, der nicht moralisch, sondern nur aufmerksam besetzt sein will, ausdrücklich leer läßt. Warum der Platz so unbeliebt ist, dies müßte sich gleichfalls klären, wenn es gelingt, die allgemeine Gesinnungsinfektion der selbstgewissen Eliten zu begreifen.

Der Intellektuelle, sein eigener Geschichtsschreiber und deshalb stets Tendenz, sieht seine Herkunft als Kommentator und Sinnerklärer seiner Zeit, als Analytiker, der das politische und moralische Feld nicht ausläßt, weil er unabhängig zu beobachten Lizenz hat. Bindet er sich weltanschaulich, so gerät alsbald auch diese seine Lizenz in Frage; der Grat, auf dem er wandelt, ist schmal, sein Part ist Aufmerksamkeit um jeden Preis, solange er nicht für den Unterschlupf in einer Bekenntnisgemeinschaft jeden Preis zu zahlen bereit ist.
Sein Ehrentitel, dessen er sich heute gern erinnert, war die furchtlose Kontrolle der Mächtigen; soziale Unabhängigkeit war der Boden solcher Sonderrechte. Die Folgenlosigkeit der Reflexion gegenüber der faktischen Macht der Handelnden hat die freigestellten Geister schon beschäftigt, ehe sie die heute praktizierte Folgerung zogen, sich den Tätern zumindest mit Bekenntnissen dienlich zu erweisen.
Der ‚Intellektuelle' als Denkender, der weder Dichter noch Philosoph noch Theologe ist, hebt sich aus der Versammlung der Geistesarbeiter in der Geschichte immer dann besonders scharf ab, wenn die übergeordneten Verbindlichkeiten nachlassen. Dem menschlichen Geist gültige Analysen zuzutrauen, beginnt das christliche Abendland mit der ersten großen Spaltung seiner Glaubenszuversicht. Die Humanisten sind die gern zitierten Ahnen jener Kritiker und Überwinder von Systemen, die unüberwindlich gefügt scheinen: Aufklärer ihrem Selbstverständnis nach, Befangenheiten glaubensfroher Mehrheiten geistig transzendierend, kontrollieren sie die Voreingenommenheit der Macht, die Kritiklosigkeit der Verwalteten. Protagonisten der Zukunft, machen Intellektuelle sich als unbestechliche Zeugen und Förderer des Neuen bemerkbar, gebildet wie es die Humanisten waren, sensibel und scharfblickend eher als weise, wie es die neuzeitlichen Intellektuellen des 18. und 19. Jahrhunderts sind[21].
Längst gelingen objektive Bildnisse nicht mehr. Wenn heute die links oder rechts verplanten Intellektuellen ihre Ahnenreihe abschreiten, so finden sie den Dämon der gegnerischen Entwicklung schon im Treiben der Vorfahren, die dann zu

zweifelhaften Vätern der bekämpften Front werden, wo sie deren Züge teilen. Rechts ist man daher geneigt, den historischen Intellektuellen überhaupt zum Utopisten und Rigoristen zu erklären, der die Realität ästhetisch verfremdet, alle Zwänge abschüttelt und sich eine quasi infantile Existenzform genehmigt, die jeden Plan gestattet und den Planer von Handlung dispensiert[22].

Die Linken sehen ihn als den Korrektor der feudalen Macht, als Wegbereiter des Neuen am Werke, im Reformationsjahrhundert wie in den politisch-revolutionären Führungsrollen, die er in der französischen Revolutionsepoche, im Dreyfus-Skandal und schließlich als Interpret des modernen Materialismus füllt. „Ideologisierter Institutionenkritiker"[23] ist dieser Fortschrittsdenker deshalb im Wortschatz der Rechten: Der zeitgenössische Kampf zwischen Konservativen und linken Theoretikern färbt das historische Bildnis des Intellektuellen nach dem Freund-Feind-Schema ein. Ihren Ahnen finden die Konservativen im literarisch-romantischen Geist, der „sozial freischwebend"[24] im Zusammenhang der Geschichte reflektierte, Gegenwart als Etappe des Vergangenen erlebte und die spekulativen Köpfe abstrakt und lebensfeindlich agieren sah.

Hier tut sich das Dilemma auf: Die Geschichte der Intelligenz wird von den parteiischen Intellektuellen unserer Tage als Tendenzgeschichte geschrieben. Tendenziöser zumindest als Geschichte klingen muß, lauten diese Nachrichten über den kritischen Geist, der seine klassische Selbstbeschreibung in der Rolle des Objektiven suchen müßte, statt Gesinnungsgeschichte zu notieren[25]. Jene Zunft, die in dieser engagierten Weise das Bild des Intellektuellen nach rückwärts klärt, die Soziologie, stellt heute zugleich das herrschende Kontingent an Intellektuellen. Auf der Linken freilich spielt das Bild des Intellektuellen ins Philosophische; die spekulativen Köpfe der linken Theorie sind mehr als bloße Analytiker des Menschlichen; sie sind Zukunftsdenker, Eschatologen. Die Intellektuellenszene entspricht der Gesinnungsspaltung in Rechte und Linke; als Forscher in ihrer eigenen Vorge-

schichte fördern diese Intellektuellen das Feindbild des Gegners und das Vorbild des Wegbereiters ihrer Bekenntnisse zutage.
In der Tat ist die Geschichte dieses idealerweise objektiven Kopfes schon in ihren Ansätzen eine Gesinnungsgeschichte. Sie ist im 19. Jahrhundert in ihrer Vorbedingung kenntlich, wenn Nietzsche, seine These vom Tode Gottes reflektierend, das „Wagnis des Erkennenden" wieder „erlaubt" nennt[26]: Der freigesetzte Geist strömt in Bereiche ein, die bis dahin, von Glaubenstabus blockiert, seinem Zugriff entzogen waren. Die Ordnungsleistung im Chaos ist Zug um Zug den Göttern, schließlich auch dem persönlichen Gott entwunden worden; die Wissenschaft bestätigt Theoretiker einer intellektualistischen Zukunft. Rätsel an Götter zu delegieren, dies widerspricht dem geistigen Selbstbewußtsein, das sich forschend mächtiger fühlt als jeder Mythos. Wo Mythos und Religionen Unterwerfung, Einverständnis mit dem Kosmos und Wissensverzicht an der Schranke zur Transzendenz lehrten, greift der emanzipierte Geist mit einer Erkenntniseuphorie verändernd ein, die von der Verwechslung des Geistigen mit dem Technischen lebt und dennoch das Glück hat, sich sozial und moralisch rechtfertigen zu können.
Schon im ersten Akt des großen Schauspiels, das sich vom 18. ins 19. Jahrhundert mit dem Bedeutungszuwachs der Vordenker und Rechtfertiger entfaltet, sind jene Elemente in der Vorhand, die heute auf der Linken Fuß gefaßt haben, ist der konservative Geist in die Reaktion gedrängt, ein ewig Antwortender. Deshalb die Neigung der Linken, das Intellektuelle, das ihnen sinngleich mit dem theoretischen Zukunftsbau erscheint, a priori als eine Qualität der Ihrigen in Anspruch zu nehmen; deshalb auch die Tendenz zur generellen Aburteilung des Intellektuellen auf der Rechten, die sich geltend macht, seit die rechte Soziologie seinen notorischen Vorsprung auf der Linken, seine attraktive und verführerische Argumentation bemerken mußte. Vereinzelt sind unter den Intellektuellen immer auch jene um Objektivität bemühten Analytiker der Zeitsituation zu beobachten; Linke wie Rechte

sind sich heute jedoch einig, daß die Stunde der analytischen Gesamtschau besonders ungünstig sei, und daß die Attraktion der Linken größere Zahlen kluger Köpfe vereinnahmt hat, als es die Rechte bis zur Stunde vermochte.

War der „freischwebende" Intellektuelle also immer eine Fiktion der ideologisch besonders blinden Rechten? War der Intellektuelle per definitionem ein Ideologe, wo immer er auftrat, ein Vorausdenker und Beglaubiger, im Wissenschaftsäon dann der Virtuos des Möglichen, der mit technischem Vokabular die neue Transzendenz im Endlichen verwaltete? Die Verächter der „freischwebenden" Intelligenz arbeiten, um dieser Deutung Nachdruck zu verschaffen, mit dem unvollständigen Zitat: „sozial freischwebend" ist der Intellektuelle, den Alfred Weber definiert[27], in seiner Unabhängigkeit von ökonomischen Zwängen und damit in seiner Chance zur Objektivität beschrieben. Dem Theoretiker von links freilich kann schon die soziale Unabhängigkeit nicht wertfrei einleuchten.

Der Spaltungsdruck scheint die Intelligenz zu begleiten von jenem Augenblick an, da sie begrifflich interessant wird. Dies aber ist erst möglich, da man der Ordnungsmacht des Menschengeistes Zuversichtspotentiale zuwendet, die bei Religionen nicht mehr fraglos unterkommen. Dominieren auch bestimmte Berufsgruppen, die der Soziologe gern aufzählt, um das Klima der Intellektuellen zu beschreiben, so ist doch das Kennzeichen der Entwerfer und Kommentatoren in der Lizenz zur Gesamtschau zu sehen, die von spezifischen Berufs- und Standeszwängen nur locker berührt wird. Ob er sich als Rechtfertiger des Vorgefundenen oder als Visionär der Zukunft etabliert: der Intellektuelle wäre auch in seinem geistigen Temperament zwischen den Disziplinen angesiedelt, sollte er dem reinen Typus, den die Soziologen filtern, entsprechen. Seine soziale Unabhängigkeit ist heute kaum noch Privileg, wiewohl die quantitative Schrumpfung der Denklizenzen den Intellektuellen zu denken geben sollte[28]. Sie sind mit sich beschäftigt, mit dem Aufbau von Gegnern, die ebenfalls ihresgleichen und Genießer gleicher Vorzugs-

rechte sind, absorbiert. Zum Wächteramt aufs beste ausgestattet, greifen sie zum Zerrspiegel, um das Protrait des Gegners zu zeichnen – mit sich selbst beschäftigt auch im Gegner; zur Zusammenschau bleibt keine Energie mehr frei.
Zwischen den Disziplinen zu stehen, ist auch deshalb dem Geisteszuschnitt des Intellektuellen besonders angemessen, weil seine Qualität der Scharfblick ist, die Sensibilität, die vergeistigte Intuition: Sein Wissen stützt sein Urteil, ohne es zu begründen. Sein Zugriff auf die geistigen Angebote seiner Zeit hat einen schöpferischen Zug, der von soliden Konservativen als eine Art geistigen Landstreichertums verdächtigt wird. Jedoch ist an reinen Inkarnationen des Intellektuellen nie Überfluß gewesen. Der Intellektuelle oder jener, der die Chance der Unabhängigkeit gehabt hätte – an den Hochschulen, bei der Presse, in der Kunst –, hielt auf seinem Gipfelplatz als Zeitbeschauer nicht aus; er wollte Hütten bauen, mehr noch: sich in Stand und Ämtern wissen, sich institutionalisieren, definiert sein, unterkommen.
Die Soziologie und die Psychologie, jene zwischen den Stühlen der klassischen Wissenschaften aufgeschossenen Disziplinen, bringen nicht von ungefähr so viele Intellektuelle unter. Als Symptomwissenschaften der Moderne haben sie den Rang intellektueller Mythen[29]. Sie erobern die Felder von Theologie und Philosophie. Dem Intellektuellen in vorderster Reihe, der dem Fortschritt Bahn zu brechen entschlossen ist, boten diese Fächer das ideale Medium. Sie beschreiben in ihren Gegenständen und Zielen die Rolle des Intellektuellen, wie er sich heute rechts und links versteht, auf verblüffend angemessene Weise. Die Wissenschaft vom Sozialen, die ohne Seelenkunde nicht auskommt, leitet die Erkundungen des säkularen Geistes in Bezirken, die durch Jahrhunderte unter der distanzgebietenden Macht der Kirche verwahrt worden sind. Der Wissenschaftsoptimismus überträgt das technologische Denken ins Reich der menschlichen Psyche; „Analytiker" nennt ein Psychologe wie Sigmund Freud sich nicht ohne Bedacht; als Naturwissenschaftler sieht er sich am ehrenvollsten untergebracht. Technologisch argumentiert auch Karl Marx im

Zentrum seines Systems. Sinn und Wert des Gegenstandes, auch des lebendigen, blassen ab vor seiner physikalischen und chemischen, seiner technischen Kalkulierbarkeit.
Hier scheint er auf, der Frontenkonflikt der modernen Rechten und Linken; hier auch erweist sich die Gesetzmäßigkeit der konservativen Verspätung, der Regelcharakter von Antwortposition und Defensive auf der Rechten. Inkarnation des Intellektuellen wäre der ausgehaltene Widerspruch zwischen dieser Aufbruchseuphorie der Wissenschaften, ihrer furchtlosen Verluststrategie und der besonnenen Sichtung des Erhaltungswürdigen, dem skeptischen Zögern, Geprüftes für Zukunftsvisionen hinzugeben. Die Rollen werden aufgeteilt, hie Treibende, dort Bewahrende; und doch wird die Fiktion des ausgehaltenen Widerspruchs für spätere historische Augenblicke wahrscheinlicher; sie im voraus zu denken, wäre die Aufgabe des Intellektuellen.
Nicht um Gegensätze zu verwischen, Bekenntnissen den Ernst zu bestreiten, wäre der frei um sich blickende Geist zwischen die Unversöhnlichen zu rufen; vielmehr hätte er den absolut im Augenblick Verstrickten das Relative ihrer Rollen und ihres Tuns vor Augen zu stellen, sie zu ernüchtern, sie zu mäßigen. Der Intellektuelle aber ist so leidenschaftlich ins Tagesgeschäft verwickelt, daß er ein ewig Heutiger geworden scheint auch dort, wo er als Feind der Zukunftsplaner nur deren Treiben im Auge hat und darüber die restliche Welt vergißt[30].

Intellektuelle Tagträume für die Jugend

Die Intellektuellen unter unseren Zeitgenossen widmen sich tatsächlich in erster Linie dem feindlichen Intellektuellen, dem Gesinnungsgegner rechts oder links. Ihr Privileg, das auf ganz wenige berufliche Positionen zusammengeschmolzen ist, da ungepolstert niemand mehr nachdenken mag, wird hoffnungslos in den eigenen Reihen verschleudert. Man möchte die Vermutung wagen, daß dieser Krieg mit dem

Intimfeind von den Denkaristokraten eben doch in geheimem Einverständnis auf Elitenterrain gehalten wird. Zeitdeuter, Analytiker des Ganzen ernstlich werden zu müssen, dies vertriebe die Bequemlichkeit des allvertrauten Kampfvokabulars, das man verständigungsgewiß im Schlagabtausch mit dem vertrauten Gegner verwendet, ohne neue Reflexionsbemühung leisten zu müssen. Im sublimen Sinne bleibt man ‚unter sich'.

Keiner Seite kann an dem unbequemen Zuschauer und Außenseiter gelegen sein, der nirgends unterschlüpft, um sich den Blick nicht verstellen zu lassen. Die Prädikate aber, die jener unbequeme Lauscher und Späher verdienen könnte, führt man unentwegt als Selbstcharakteristik im Munde: Außenseiter und Kritiker, zum Denken freigestellter Geist, den kein gemeines Verlangen bindet.

Der Habitus genügt, um Jugend, insbesondere sie, zu fesseln. Und nichts verführt die nicht mehr Jugendlichen gründlicher zum Aberglauben an sich selbst als das Echo der Jungen, die sie insgeheim beneiden: um ihre offenen Horizonte, um ihre vitale Verantwortungsscheu, um ihr Zutrauen in die Zukunft, weil sie diese identisch glauben mit ihrer Kraft. Es kann nicht bezweifelt werden, daß der Glanz, mit dem die intellektuelle Rolle die Jugend lockt, vom Widerschein ihrer eigenen Hoffnung zehrt, wo die Älteren damit rechnen. Die Planer ohne Handlungsverantwortung, Erbauer von Luftschlössern, die keiner statischen Kontrolle standhalten müssen, jene Grübler im Proletarierkleid, wissen, daß sie in dieser Larve für Junge jenen Traum vom Ewigjugendlichen verkörpern, der das Alter ihrer Väter hat, aber deren Realitätsdruck als unaufgeklärte Unterwürfigkeit belächelt.

Der Krieg der ‚rechten' Intellektuellen gegen diese Überväter kann das Problem nur vergrößern, solange er ausschließlich als Insiderpolemik geführt wird. Die Gewißheit, im Recht zu sein, genügt nicht. Aber davon später. Die Jugend fesselt das ästhetische Welterlebnis dieser Intellektuellen; die saubere Zukunftsarchitektur zieht sie unwiderstehlich an. Der latente Kinderwunsch, womöglich doch nicht erwachsen werden zu müssen, erhält hier unverhoffte Bestätigung aus jener Richtung, die bisher nur widersprach: der väterlichen. Plötzlich scheint es diesen Halberwachsenen, als wären alle ihre Träume, von denen sie sich soeben schmerzlich trennen, erlaubt, ja sinnvoll und, was folgenreicher ist: realitätstauglich in der Erwachsenenwelt.

So aufgefordert, das infantile Stadium zu prolongieren, lauschen junge Studenten atemlos ihren erwachsenen Vorträumern. Barrieren des Möglichen schmilzen hin, Wälle der Vernunft sind rasch geebnet, wenn die Aufforderung, die Wirklichkeit zweitrangig zu finden vor einer einzig lohnenden Zukunft, von Erfahreneren eingebracht wird. Ideen im Gewande der reflektierten Hochvernunft, das ist die Mischung, die Jugend magisch lockt. Daß sie sich locken läßt, ist ihr nicht vorzuwerfen, denn „kritisch" zu unterscheiden, „wissenschaftlich" zu denken, Kontrollen also für die luxurierenden Sehnsüchte zu entwickeln, soll ihnen eben jetzt, da sie mit achtzehn oder zwanzig Jahren prüfend um sich blicken, der Ältere helfen. Treffen neugierige, dem Leben grenzenlos zugetane junge Menschen auf idealistische Lehren im Kleid der wissenschaftlichen Analyse, auf Spekulation im Mönchsgewand der brotlosen Vernunft, so könnte sie nur eine voll entwickelte eigene Urteilskraft zu unterscheiden und zu werten nötigen, was ihrem Lebensaugenblick, der Aufbruchsstimmung ist, was ihrem Herzen, das das Wagnis will, so überwältigend verwandt entgegentritt.

Aber schon die Väter dieser jungen Söhne und Töchter hatten ihr entschiedenes Bekenntnis – und die stets unentschiedene Unlust, das Unterscheiden zu lehren. Weniger väterlichen Aufwand erforderte es, den ‚rechten' Weg zu weisen, der Kindern immer nur der väterliche, im seltenen Falle auch der überzeugend richtige ist. Wenden die Väter überhaupt viel Sorgfalt an die schmerzlichen Abschiedsjahre ihrer Kinder von der Kindheit? Sind die Mütter überhaupt so unkompliziert greifbar, wie es Kinder brauchen, um Zuversicht in den Erfolg ihres schwierigen Abschieds von der Kindheit zu entwickeln?

Träume und Einsatzlust, aber auch der Hunger nach dem Objektiven und Beweisbaren, nach reinen Strukturen und unerbittlicher Klarheit der Lehre treibt junge Menschen ins Lager der Linken. Es ist ihr Recht, nach Stimmen zu suchen, die ihre Sehnsüchte treffen und ihren Verstand herausfordern. Es ist unbezweifelbar, daß sie zu unterscheiden nicht fähig sein können, ob die Prediger der Vernunft die Idealisten sein könnten, die sie für ihr Leben mehr schwächen als kräftigen. Und es steht die Frage offen, was ein intellektueller Gegner solcher Träume taugt, wenn er nicht den bescheidensten Abglanz einer Aura entwickelt, die Jugend bei ihren Lehrern sucht. Wenn linke Theorie, wenn linke Intellektualität verkäuflicher ist als rechte – woran liegt es? An der Lehre wohl auch. An der Jugend auch. Aber auch an der Rechten, die sich mit dem Platz des Besserwissers stolz bescheidet und sich einem elitären Hochmut hingibt, der dem ihrer Gegner nicht nachsteht.

Was die Jugend bei den kritischen Theoretikern auch sucht, ist die intellektuelle Lust. Das in sich stimmige System verschafft erlesene Spielgenüsse und geistige Befriedigung mit hohem Sättigungsgrad bei geringem Nährwert. Das Folgenlose aber zieht materiell umstellte Jugend an wie ein asketisches Ideal. Wer die Folgenlosigkeit der linken Theorien moralisierend bloßstellen möchte, der verkennt, daß der spekulative Spielraum der Linken von ihren Jüngern nicht moralisch, sondern als ästhetisches Phänomen erlebt wird. Die Elemente des Glaubenseifers zu betonen, die solcher glühende Geistesernst nicht verleugnen kann, mag unter eingeweihten Diskutanten nützen; der Jugend vorgehalten, die sich geistig streng beschäftigt glaubt, weil utopische Ordnungsleistungen geistige Energien binden, wirken solche Deutungen wie der glaubenslose Zweifel eines Nihilisten auf den Heiligen.

Bergend erscheint der Jugend die Zuflucht bei der theoretischen Linken auch deshalb, weil ihr Hunger Nahrung findet, das Hier und Jetzt, die eigene Lebensspanne übertreffen und relativieren zu dürfen. Die konservative Rechte vermag Zündeffekte dieser Qualitäten nicht zu wecken. Als sinn- und wertbezogen von links bekämpft, treten die Konservativen der Jugend vor allem als die Verfechter eines unerbittlichen Realitätsbezugs entgegen. Ihr Wertekanon birgt nicht, weil er nicht lodert; was die Rechte lehrt, versagt den meisten jungen Leuten jene intellektuelle Lust, die sie verlangen dürfen, weil sie materielle Lüste im Übermaß genossen haben. Die Rechte agiert im rechtfertigenden Schatten eines Überbaus sittlicher Traditionen, auf dessen wegbereitende Macht sie angewiesen ist. Die Jugend, und nicht nur sie, zeigt sich unfähig, diesen Zusammenhang lebendig zu erleben. Dieser Zustand ist bekannt.

Die Rechte wird nicht weiter mit dem müden Argument dem Feuerwerk der Zukunftstheoretiker den Rücken wenden können, sie habe die Beweiskraft der Geschichte für sich und den Boden des Konkreten unter den Füßen. Sie entwickelt jene Selbstgerechtigkeit des Schlechtbehandelten, der sich im Hintertreffen fühlt, weil er vom Gegner in ein Rechtfertigungsmedium – die theoretische Argumentation – genötigt wurde, das ihn entstellt. Der Jugend zeigen diese konservativen Intellektuellen das Bild eines Vaters, der die Attitüde des Wissenden wählt und Autorität als Antizipation der väterlichen Würde von den Söhnen fordert. Es reicht nicht aus zu wissen, was den Söhnen nottut; sie wollen die bergende Zuwendung und brauchen von dieser um so mehr, je weniger Raum die väterliche Lehre für Träume läßt.

Nicht allein der Hang zur Utopie treibt junge Leute in den Dunstkreis der linken Theorie. Ordnung lockt sie, die nach Orientierung suchen, nachdem man ihnen, pluralistisch bemüht, freistellt, woher sie ihre Maßstäbe beziehen wollen. Von jedem weltanschaulichen Zwang freigestellt, suchen die zur ‚Mündigkeit' verurteilten jungen Staatsbürger heute nichts eiliger als die Festlegung. Im Gewande der exakten Wissenschaft gewinnt sie ein geschlossenes System um so rascher, weil das Signalwort „Wissenschaft" nach allem, was sie gehört haben, ihren Hunger nach dem Objektiven zu stillen verspricht.

Die Idealität der linken Theorie für jugendliche Köpfe und

Seelen erreicht aber ihren Gipfelpunkt, wo sich der spekulative Idealismus, wissenschaftlich objektiviert, als eine Zukunftslehre präsentiert, die hier und jetzt Verzichte fordert. Sie gewährt damit den jungen Überflußjüngern die nie gekannte Lust der Askese, die eine ungeahnte Freiheit spendet; sie erlöst zumindest transitorisch von Konsum- und Neidkomplexen und verleiht jenes Gefühl der Überlegenheit durch freigewählten Mangel, das jeder junge Mensch sucht, eben weil er die Lust des Wegwerfens braucht, die ihn seiner vitalen Lebenskraft versichert.

Ein System, dessen Widerlegung im Hier und Jetzt ebensowenig gefürchtet werden muß wie die Probe auf seine Richtigkeit, spendet in der intellektuellen Lust auch Sicherheit, wie sie von materiellen Gütern nicht ohne Beunruhigung ausgeht. Die Befriedigung wird vollständig in der Genugtuung, die der humane Akzent der Lehre gewährt. Jugend reagiert auf die kritische Theorie und alle ihre Variationen mit dem Besten, was sie zu bieten hat: mit Idealismus, mit der Kraft zum Verzicht und zur Hoffnung, mit Selbstlosigkeit und Askese, mit intellektueller Vitalität und mit der Sehnsucht, in einem geschlossenen und zuverlässigen Weltbild aufgehoben zu werden, das den einzelnen unbedeutend und eine ideale Zukunft zum Ziel macht. An diesen Faktoren, die junge Intelligenz zur Linken ziehen, läßt sich zuverlässig ablesen, was dieser aufbrechenden Jugend in unserer gesellschaftlichen und sozialen Wirklichkeit fehlt.

Freilich zieht auch die scheinbare Folgenlosigkeit des geistigen Wagnisses die Jugend an. Sie wittert hier alle Reize des Unkonventionellen ohne das Risiko des Scheiterns. Wenn in der spontanen Sympathie der Jungen für linke Lehren auch Realitätsflucht oder -scheu mitspielt, dann ist der Hang zur Abstraktion ihr Indiz. Handeln zwingt immer zu Entscheidungen. Denkexperimente scheinen dagegen jede Revision zu erlauben. Sich nicht festzulegen: Dies muß die adäquate Form der Reaktion auf eine vielteilige Wirklichkeit sein, die mit ihrer Empfehlung, beliebig auszuwählen, Handlungshemmung provoziert.

Es scheint nur paradox, daß die Jugend in den Gedankengärten der Kritischen Theorie lustwandelt, weil sie Verbindliches sucht, das über sie selbst hinausreicht, und daß sie zugleich im Schatten der reinen Lehre den Kontakt mit den Handlungszwängen der Realität fallenläßt. Die Handlungsohnmacht, von der im Zusammenhang mit Gewaltphänomenen heute soviel geredet wird[31], kann hier umgesetzt werden in potentielle Täterschaft, die den Realitätsmangel in der geistigen Ersatzhandlung aufhebt. Die Theorie der linksgerichteten Intelligenz wird von ihren Anhängern als Praxis erlebt, weil die Praxis des Zukunftsschöpfers die Theorie ist. Das schöpferische Element einer Theorie, die ins Unbeweisbare nach vorn ragt, verlockt die Jugend, weil sie wie jede junge Generation im Grunde die Welt und den Menschen neu erschaffen möchte.

Die linke Intelligenz bindet die glühenden Geister unter den Jungen, die mit ihrem Kopf etwas anfangen wollen. In der Regel sind es jene, die voll Zorn und Ungenügen nach Eindeutigkeit suchen, weil das pluralistische Bildungssystem ihnen diese verweigerte. Die erwachsenen Verwalter der Heils- und Ordnungsangebote unserer Gesellschaft mögen sich die Verantwortung für eine derart mißlungene Freiheit teilen. In Epochen wie der unseren, welche die emotional bedürftige Mitte des Menschen freigeben[32], indem sie jedes verbindliche Religionsangebot zurücknehmen, müssen Ideologen, die das Glaubenspotential der Zeitgenossen besetzen, folgenreich werden. Die linke Theorie deckt auf ideale Weise beides ab: das Grundbedürfnis, aufgeklärt und „wissenschaftlich" zu operieren, Unfehlbarkeit bei der menschlichen Ratio zu suchen – und die irrationale Heilshoffnung zu verankern, die das Verlangen stillt, in Räume zu blicken, die den Verstand und seine Leistungen übertreffen.

Kompliziert ist die Befriedigung, welche von dieser Zukunftsvision ausgeht. Da nämlich Menschen als die Vollender eines idealen Zustandes geschaut werden, trifft sich hier der Glaube an die Ratio des Menschen mit der irrationalen Endzeithoffnung, daß er im eigenen Heilswerk sich selbst übertreffen werde. Nicht Widerspruch waltet in dieser Lehre, wie man gern behauptet hat, wenn man die intellektuellen Propheten in ihrer Zukunftshoffnung entlarvt sah, sondern reine Entsprechung. Die Erlösungshoffnung ließ sich freilich nicht abschütteln. Sie feiert säkularisierte Wiederkehr als der Wille zum Guten[33].

Realitätsnot als Heilstugend

Der Wille zum Guten ist eine Gesinnungshaltung, die vom konkreten Lebensvollzug ablenkt. Wer die zeitgenössische Lebenspraxis als vorläufig und zweit- oder drittrangig einstufen muß nach Maßgabe einer Zukunftsaussicht, die das Vorläufige zu seinem Ziel bringt, der wird den hier zu handelnden Geschäften nicht seine volle Energie zuwenden. Religionen kennen die Abwertung des Endlichen zugunsten des Entscheidungsaugenblicks, der die Endlichkeit vernichtet. Auch sie kennen die Antizipation dieser Schwellenüberschreitung im Hier und Jetzt, und sie würdigen die zuversichtliche Gewißheit, da diese zunächst der Zipfel Seligkeit ist, der sich greifen läßt, als jene Gefühls- und Geisteshaltung, die allein den Zugang zu den angekündigten idealen Zuständen garantiert.

Von hier aus betrachtet, ist die egalitäre Zukunftshoffnung, die als ‚gute Absicht' ihre intensivste Realität hat, das säkularisierte Pendant jener Glaubenshaltung, die in jeder Religion zur Rechtfertigung des Überzeugten ausreicht. Auch das Christentum läßt Handlungsschwächen des Gläubigen nicht letztlich ins Gewicht fallen. Daß sich heute mit Gesinnungen erfolgreiche Selbstrechtfertigung verbindet, dies bezeichnet im Zeitalter des ‚Machens' die einmütige Reaktion auf den Geltungsverlust religiöser und sittlicher Bindungen. Auf eine Wirklichkeit, in der nur Leistung gilt, der einzelne also nur ist, was er materiell schafft, reagiert eine idealistisch unruhige geistige Schicht mit der Weigerung, sich nur über materielle

Leistung zu definieren. Die Theoretiker mit den guten Absichten erscheinen als Verweigerer der Lebenspraxis, weil sie aus ihrer Lehre leben, die als Zukunftstheorie zwar einen Lebensstil hervorbringt, jedoch Handlungsfolgen nicht anzubieten hat.

Auch dies ist ein vitales Wunschbild, dem die Jünger auf der Linken folgen: jemand zu sein, jenseits von Konsum und materieller Leistung, etwas zu bedeuten aufgrund der Gesinnungen und Überzeugungen, ja des Willens zum Guten, den man hat. Die große ‚Werte'-Welle zeugt als Steigerung des allgemeinen Gesinnungswettstreits rechts wie links für die Vertiefung dieses Bedürfnisses. Weil die Lehren auf der Linken dieser Sehnsucht, einen immateriellen Wert der eigenen Person zu entwickeln, unmittelbare Erfüllung gönnen, ist ihre Attraktion für wertbedürftige Geister mächtig. Eine wichtige Unterscheidung im Wertverständnis zwischen Rechten und Linken läßt sich hier ableiten; sie betrifft die utopische Struktur des reinen Wertes, wie ihn die Linke anbieten kann, weil sie seine Eintrübung durch die kontrollierende Praxis nicht dulden muß. Die konservative Rechte handelt eine komplizierte und deshalb weniger attraktive Spielart der Werte, die im reibungsreichen Austausch mit der konkreten Anwendung so viel an Glanz verliert, daß idealistische junge Köpfe sich hier nicht entflammen können.

Der Erfolg der Linken bei den unternehmungslustigen und risikowilligen Geistern wurzelt in dem Versprechen, das Materielle zu transzendieren. Als sublimer Luxus übertrifft die Geringachtung der materiellen Lebensüberflüsse jeden Konsumgenuß. Sie erlaubt überdies die Emanzipation von der väterlich verwalteten Welt und schenkt Zugänge zu verschütteten Orten spürbarer Gefahr. Realitätsflucht findet bei solchen Aufbrüchen zugleich statt; und die Suche nach einem wirklich zuständigen Vater – oder, psychologisch verstanden, nach einem Über-Ich – kostümiert sich in dieser Abwendung von den Herkünften. Die Tugendkataloge der Linken entsprechen aber dennoch einer ganzen Sprengladung ethischer

Energie, die weder unsere Kirchen noch Staat und soziale Umwelt zu binden vermochten.

Eine Lehre von der zukünftigen Gerechtigkeit und Gleichheit aller und für alle lebt als Heilslehre von den Vorschüssen abendländischer Religionsübung. Das Gewissen, Kulturerrungenschaft und tradierte Ordnungsmacht zum Schutz vor gemeinschaftsschädlichen Normabweichungen[34], heftet sich an Lehren, die den Rechtfertigungszusammenhang von Verzicht und Belohnung, Askese und Genuß bekräftigen. Über die ethische Analogie, die von der Gegenseite kurzerhand als Verwechslung abgetan und damit analytisch verfehlt wird, ist auch die Affinität vieler Christen für die marxistische Lehre zu begreifen[35]. Nur scheinbar besteht ein Gegensatz zwischen dem innerweltlichen Heilsversprechen des Kommunismus und dem außerweltlichen der christlichen Lehre. Hier wie dort wird der Einbruch des Heils hinter die Lebensfrist aller jeweils Lebenden verlegt, ja er verlangt die Preisgabe des Gegenwärtigen um des Zukünftigen willen. Dieser Grundsatz bedingt die heillose Rivalität beider Weltbilder. Die Nuancen werden erst jenem Geist entscheidend, der sich von den Fesseln der Realitätsangst befreien kann. Dann freilich fallen im Detail die Entscheidungen.

Das physikalische Gesetz von Druck und Gegendruck hat weithin zwischen den Kirchen und den säkularen Ideologien entschieden: Während jene sich in die Weltgeschäfte einließen, um ihre Angebote verkäuflicher zu machen, gewannen realitätsabgewandte Heilslehren wie der Marxismus und seine Varianten ihr Terrain.

Auch auf der Linken ist unterdessen unbestritten, daß es sich bei den Protestphänomenen der jungen Linken um Ausbrüche des Unbehagens handelt, die nicht im strengen Sinne politisch begründet sind[36]. Der modifizierte Tugendkatalog, den ein Protagonist wie Jürgen Habermas heute vorträgt, ist tatsächlich wertbezogen im Sinne einer Humanitätslehre, deren Begrifflichkeit freilich das ethische Pathos, mit dem man antritt, ins Klima einer höheren Unverbindlichkeit entrückt: „Expressivität, Selbsttätigkeit und Solidarität"[37], die Habermas als fühlbare Fehlbestände der bürgerlichen Wirklichkeit einklagt, erfüllen die paradoxe Prämisse der linken Theorie, die überlieferten Moralkategorien entkommen muß, um den egalitären Entwurf durchhalten zu können. Herkömmliche Moral kommt ohne Hierarchie nicht aus. Die neue Humanität der Linken kann nur von Aktionsformen sprechen, weil sie alle auf gleichem Rang befriedigen will. ‚Solidarität' ist als politisierte Säkulartugend zum Kronjuwel der politischen Gruppierung geworden, welche in den siebziger Jahren die Richtlinien der bundesdeutschen Politik bestimmt. Auch sie ist nicht eigentlich eine politische Tugend.

Die Zukunftsbotschaft der Linken bietet, genau betrachtet, auch für das Erfüllungsstadium ihrer Voraussagen keine inhaltliche Formulierung, sondern nur Vollzugsformen des idealen Lebens. Gleichheit wird zwar begriffen als die mutmaßliche Beglückung aller Beteiligten, eben weil man in ihr entschieden das Gute will. Wie sie aber als gelebter Inhalt sein wird, vermag die antizipierende Spekulation keineswegs vorauszusagen. Der „geschwisterliche Umgang"[38] dieser künftigen Zustände ist als abstrakte Formel für Glückseligkeit Bestandteil jeder Transzendenzlehre. Neu ist das Wagnis, solche Optimierung des Menschlichen dem Menschen selbst zuzutrauen. Seit wir mit diesem Wagnis leben, entsteht begreiflicherweise Unruhe, ja unversöhnliche Rivalität zwischen jenen, die dem Menschen seine eigene Vervollkommnung zutrauen, und jenen andern, die ihn anhalten möchten, das Endliche zu ordnen.

Linke und Rechte konkurrieren nur an der Oberfläche um politische Konzepte; im Grunde rivalisieren hier zwei gegensätzliche Bilder vom Menschen, seiner Welt und seiner Geschichte. Bei unterschiedlichen Weltvorstellungen und divergierender Einschätzung des Menschen müssen aus gleichen Befunden gegensätzliche Folgerungen gezogen werden. Habermas macht den Druck der ökonomischen und administrativen Rationalität in modernen Gesellschaften für die „Deformation" der „praktischen Rationalität" verantwortlich[39]. Die Linke ist ein noch schwierigerer Gegner für die Rechte geworden, seit sie mit humanitären Kategorien argumentiert, die zur Grundausstattung der Konservativen zählen. Auf dem ökologischen Sektor hat diese unerwünschte Annäherung verwirrende Dimensionen erreicht. Auch Habermas übrigens entdeckt die Anzeichen der Vermengung von Politik und Kultur, er sieht in ihnen aber nicht die Signale umfassender Verwechslungen von ethischen und politischen Tugenden. Bemerkenswert bleibt, daß der Theoretiker von links die Entgrenzung der Kultur in Richtung auf die Politik, die zur Verquickung und Verwechslung der Verfahrensweisen und Maßstäbe geführt hat, nicht als ein Werk der Linken begreift. Habermas beschreibt zwar diese Verwischung der Aktionsterritorien als Mitursache für die „Ästhetisierung von Gewalt". Für den Anspruch der linken Intelligenz aber, bei geringer politischer Sachkenntnis verbindliche politische Aussagen zu machen, jenen Anspruch, der vom Machthaber selbstverständlich geschürt und bestätigt wurde, möchte er die linken Theoretiker offenbar nicht verantwortlich zeichnen lassen.

Die linke Theorie kann freilich einer Ästhetisierung der Realität kaum entgehen, solange sie erkenntnistheoretische Positionen auf die Praxis überträgt[40]. Ideologisch-politische Wirkungen solcher Theorien können dann nicht inkalkulabel genannt werden. Der Ideologievorwurf hat als Beschuldigung des politischen Gegners allerdings eine gesicherte Tradition, die moderne Ideologengefechte von rechts und links auf einen soliden Hintergrund machtpolitischer Geschichte stellt: Napoleon, Marx, Lassalle nannten die Gegner ihrer politischen Konzeptionen ‚Ideologen'. Jürgen Habermas erklärt im Umfeld des bekannten Technokratievorwurfs gegen die Konservativen Wissenschaft und Technik zu Ideologien. Im Schatten dieses Ideologieverdachts an die gegnerische Adresse operierte die Frankfurter Schule ideologisch. Zu Beginn der sechziger Jahre ließen sich die Hauptvorwürfe der linken Intelligenz an die unreflektierten Wohlstandsdeutschen als Kritik an einer Konsumideologie formulieren: Hoher Lebensstandard, Konformismus und geistiger Selbstbetrug wurden als die verächtlichen Kennzeichen dieser Ideologie verzeichnet.

Die Jugend erfuhr in den sechziger Jahren die Möglichkeit, ihren traditionellen Aufstand gegen die Väter theoretisch anspruchsvoll zu artikulieren und zu rechtfertigen. Was als Generationenkonflikt seine verschärfte Begründung im historischen Hintergrund des Hitlerregimes hatte, erhielt durch die Theorie der neuen Linken den Akzent der grundsätzlichen Differenz zwischen Weltanschauungen. Eine ganz neue Sorte von Übervätern erklärte die wohlstandsfreudigen Durchschnittsväter, Durchschnittslehrer, Durchschnittsprofessoren zu Ideologen des technologischen Fortschritts und der technokratischen Verwaltung von humaner Substanz. Damit war dieser Generationendifferenz der traditionelle Zug genommen. Die Söhne standen nicht auf, um das väterliche Weltbild zu erproben und im Feuer ihrer reinen Ansprüche zu prüfen, sondern sie fanden erwachsene Lehrer, die ihr Ablösungserlebnis als den ideologischen Konflikt mit einem Lebensprinzip zu verstehen lehrten.

Der Aufstand wurde damit prolongiert zur Ideologie. Das konservative Element der Sohnesauflehnung, das in der heimlichen Orientierung am väterlichen Weltbild lebt, hält in der Regel das Vermögen der Jungen wach, den eigenen Zustand als transitorisch zu relativieren. Wo die Perpetuierung des Konflikts von ebenso erwachsenen Neben- oder Übervätern postuliert wird, erlebt der so Belehrte einen beglückenden Widerspruch zur impliziten Aufforderung durch die väterliche Instanz, erwachsen zu werden, indem er die Widersprüche von Gut und Böse, jene kindliche Antinomie, die schmerzliche Kompromisse erzwingt, in der eigenen Seele auszuhalten und auszutragen bereit ist. Die linke Theorie ist das Angebot an den Geist, sich in reinen Werten aufzuhalten, ohne deren Verunreinigung durch die Praxis zu dulden. Diese Reinheit der geistigen Spiele ist es, was die strahlende Wirkung vieler linker Theoretiker ausmacht. Ihr Habitus überzeugt, weil sie sich den Luxus der reinen Theorie leisten. Ihre Auftritte sind deshalb von einer geistigen Unschuld, die sensible Zuhörer unfehlbar gewinnt, solange diesen die Analyse solcher Wirkung nicht gelingt. Die Attraktion überzeugter Linker ist durchaus der Anziehungskraft von Sektenpredigern vergleichbar, deren idée fixe mit ihrer unerbittlichen Konsequenz alle Gelüste nach unvermischter Wahrheit stimuliert.

Die Egalitätsvision verspricht mit der Beseitigung eigener Nachteile auch die Beschwichtigung von Neidkomplexen und Ressentiments. Marx hat zwar das Nivellierungsbedürfnis nur für den „rohen Kommunismus" konzediert[41], aber die Erlösung von niedrigen Gesinnungen, die ein verinnerlichter Moralkodex sanktioniert, wird in dieser Zukunftsaussicht auch gehandelt. Die realen täglichen Bedrängnisse in Richtung auf ein Mögliches zu verlassen, das sie systematisch bewältigt und erledigt, dies ist das Angebot der zukunftsbezogenen Theorie. Während eine Welt von Vätern sich dem Einzelfall widmete und den Blick aufs Konkrete heftete, folgten Verächter der Vater- und Verweigerer der Sohnesrolle der verführerischen Möglichkeit, ‚wissenschaftlich'-systematisch Ordnung zu denken.

Ob der intellektuelle Drang, dem Einzelfall in Richtung auf eine Gesetzmäßigkeit zu entkommen, nicht mehr die Angelegenheit einiger weniger zur Analyse freigestellter Intellektueller bleibt, ist nur scheinbar die adäquate Frage, die angesichts der neuen Linken aufkommt. Die Disposition zu diesem Fluchtversuch war allgemein, das Angebot der Fluchtrichtung war historisch vielfach bedingt, wie sich gezeigt hat. Nicht die intellektuelle Leistung, ideologisch die verwirrende konkrete Welt zu transzendieren, wurde nun gruppenfähig, sondern die Linke warb für das gruppenhafte Erlebnis der Lehre, für die Identifikation – die ‚Solidarität' – mit der Gruppe. Der Gegensatz zur konservativen Betonung des Individuellen konnte in diesem Kontrastprogramm artikuliert werden.

Indem sie die Bedingtheit des konkreten Lebensvollzugs überspringt, erreicht die kritische Theorie nicht nur die Ausblendung der Realität und ihrer Handlungsaufforderungen.

Sie rechtfertigt das verweigerte Tun im überlegenen ‚Sollen' und setzt im System den unverdorbenen Neuanfang für die verdorbene Wirklichkeit. Die linke Intelligenz ist an Strukturen interessiert, nicht an der konkreten Vielgestaltigkeit. Als Fortschrittstheoretiker setzt der Linksintellektuelle die Gegenwart nur als Anhaltspunkt und Ausgang für Zukunft. Das Abstrakte der Theorie übertrifft als Deduktion der Erfahrungswerte jede gegenwärtige Realität: Das Zeitverständnis der Linken ist punktuell und additiv, es bewegt sich, wie die Grundbegriffe ihrer Lehre, im Quantitativen. So widersprüchlich sich dies im Dunstkreis der ‚Werte' anhören mag, die man auf der Linken vertritt: Die egalitäre Vision ist eine Rechnung in Quantitäten, weil sie den einzelnen zur quantité négligeable macht. Schon die Lehre, welche den einzelnen wie das einzelne Ereignis transzendiert im System, stellt die quantitas über die qualitas.

Die progressistische Theorie muß generalisieren, um auf allgemeine Prinzipien und Begriffe zu stoßen. Die Chancen der Praxis verdanken sich der Theorie. Das Gelebte wird nur auf dem Umweg über die kontrollierende Norm erblickt.

Kritik wird in der so betitelten Erkenntnishaltung zum Grundprinzip, das sich nicht mehr vom Gegenstand her rechtfertigt. Das „Kritische" erschien in den sechziger Jahren als auszeichnendes Prädikat ohne Bezugsfeld, nachdem das intellektuelle Odium philosophisch abgesichert schien und in der allgemeinen Saturierung jedermann auch auf bescheidenem Reflexionsniveau einleuchtete. Der „kritischen" Intelligenz, so realisierte die junge Generation, konnte die Exkulpierung inmitten des wachsenden Wohlstandes gelingen. Vorgefundenes in Frage zu stellen, wurde zum pseudoethischen Grunderfordernis für Intelligenz. Es gelingt auf diese „kritische" Weise, sich der Institutionen, unter ihnen der Ausbildungsstätten, zu bedienen, ohne Verantwortungskonsequenzen ziehen zu müssen. Der Ideologieverdacht gilt – rechts wie links – stets nur dem Gegner; aber auch dieses logisch unsaubere Prinzip hat seine ehrwürdige Geschichte bis zu den Vätern des historischen Materialismus.

Die ‚Kritische Theorie' verbindet den intellektuellen Anspruch, zu verbindlichen Normen vordringen zu können, mit einer Dominanz des Subjektiven, die den eschatologischen Charakter der Theorie ausweist.

Die „Werte eines geschwisterlichen Umgangs", welche Habermas „ausgeblendet"[42] sieht in unserer Wirklichkeit: wie sind sie zu füllen? Denn „Geschwisterlichkeit" wird als Relikt einer Familienkultur bei linken Theoretikern doch wohl nicht Platz greifen.

Deshalb erübrigt sich die Begriffsbeschreibung keineswegs; aber sie fehlt bei Habermas. Welchen Stellenwert „Geschwister" in einer Egalitätsutopie haben können, ist auch deshalb unklar, weil das Zitat der christlichen Brüderlichkeit, das geschichtsabhängigen Konservativen hier aufleuchten mag, nicht gemeint sein kann. Verrät sich hier emotional Kulturerbe, das man rational bereits hinter sich gelassen hat? Kann aber Habermas die Belebung jener Assoziationsketten wünschen, die das „Geschwisterliche" in unbefangenen Köpfen knüpft? Oder bedient er sich bewußt dieser emotionalen Brücken?

Die Frage ist nicht auszuräumen: Wo, zwischen Expressivität, Selbsttätigkeit und Solidarität, soll Geschwisterliches sich werthaft unterbringen? Ist hier Nächstenliebe gemeint – ebenfalls eine Kategorie aus suspektem Kontext–? Das Zitat der Geschwisterlichkeit bleibt leer, wenn man das Mitzitat seiner überlieferten Inhalte abweist.

Habermas hätte selbst die Antwort geben können, warum unter Freiheit, Gleichheit und Brüderlichkeit, wie sie auf der Linken seit 1789 zitiert werden, ausgerechnet die Brüderlichkeit „ausgeblendet" bleibt. Freilich sucht er die Verantwortlichen für diesen Verlust auf der anderen Seite. Die Begriffe der Freiheit und Gleichheit aber, die auf der Linken gehandelt werden, erzeugen keine Brüderlichkeit, weil die Egalität der individuellen einzelnen deren Freiheit – und die so erzeugte Unfreiheit die Mitmenschlichkeit: die Brüderlichkeit dieser Menschen – vernichtet. Brüderlichkeit wird sich dort entwickeln, wo die Liebe zur eigenen Individualität erlaubt bleibt. Ein Prinzip der Gleichheit zu bejahen, das die Norm über den Menschen setzt, dies wird die Geschwisterlichkeit ertränken, weil die Norm nicht human sein kann. Wer das Humane freilich, wie Habermas, in bloßen Akzidenzien der Humanität sieht: Expressivität, Selbsttätigkeit, Solidarität, der scheint entschlossen, zu bestreiten, daß Sittlichkeit sich nicht in Vollzugsformen ausdrückt, sondern über diese nur transportiert wird.

Der geschwisterliche Umgang, eine so strahlend humane Vision, nimmt sich im Kontext dieser Wertsurrogate aus wie die heimliche Reminiszenz eines Europäers an seine Wertgeschichte; und da sie bei einem aufmerksamen Denker schwerlich unter der Hand in den Text schlüpft, wird sie bei Habermas eschatologische Chiffre. Geschwisterliche Liebe ist aber nicht die Solidarität im Angesicht einer gemeinsamen Zukunft, sondern sie ist Geltenlassen des andersartigen Ähnlichen aufgrund gemeinsamer Herkünfte, also eine ‚konservative' Kategorie.

Habermas hätte auf eine kompliziertere Weise recht, wenn er die Geschwisterlichkeit vermißte, weil es eine Freiheit der zur Gleichheit verurteilten Verschiedenen nicht gibt; brüderlich den andern zu umarmen, dies kann zwar auch in der äußersten Unfreiheit gelingen, aber dann um so ‚solidarischer' im Sinne dieses einen elementaren Mangels, der die Verschiedenheit der Individuen nicht antastet.

Ebenso beunruhigend und unentschieden bleiben die Ergebnisse, wenn man die Programmvokabeln der Theoretiker prüft, die den politischen Alltag längst als unreflektierte Floskeln regieren. Emanzipation per Konflikterziehung, Lustgewinn über die lustvernichtende Freigabe von Scham- und Verzichtzonen, Kritikfähigkeit als Frucht des Autoritätsabbaus, Mündigkeit als Geburtsrecht, Wissenschaftlichkeit als Garantin für Sozialprestige und als geistige Unfallversicherung: ein Irrgarten der Verwechslungen ist aus der popularisierten linken Lehre aufgeschossen. Sowenig dieser Vulgärverschnitt mit der reinen Theorie der linken Wortführer zu tun haben mag: von ihrem Teil der Verantwortung – freilich eine konservative Kategorie – für diese mutwilligen Feuerspiele können sie so wenig freigesprochen werden wie die Rechten von dem ihrigen.

Das Dilemma der Konservativen

Nicht nur mit geliehenem Vokabular wurde die Rechte unter wachsendem Bekenntnisdruck aktiver; sie hat begonnen, konservative Positionen zu beschreiben. Bemüht, den Reaktionscharakter ihrer systematischen Selbstdarstellung zu verschleiern, finden Rechte fast zu offensiven Methoden. Auch hier politisieren Intellektuelle ihren Stand. Sie treten in den Dienst eines Programms, das sich nur mühsam und künstlich artikuliert, mit Irrationalismen kämpfend, deren sich die Rechte selbst zu schämen scheint: sie hebt die Stimme deshalb, zählt die Häupter ihrer Lieben öffentlich, beraumt Kongresse an, beschwört die Tradition – und scheint doch immer noch im Hintertreffen. Mit ‚Werten' gegen die Programme kämpfend, das Individuelle gegen die normierende Idee verteidigend, die Praxis windungsreich als Theorie verkaufend – und doch gegen diese als die abstrakte Feindin des lebendigen Konkreten angetreten, scheint die Rechte zu einer Selbstdarstellung herausgefordert, der sie nur unter Substanzverlust gewachsen ist. Und doch ist die Notwendigkeit, das Konservative oder ‚Rechte' angesichts des eloquenten Gegners zu definieren, unabweisbar.

Intellektuelle finden sich auch hier, mit guten Argumenten den Balanceakt zwischen den Fronten aufgebend, um Formulierungshilfen zu leisten. Trendwechsel möchte man zumindest, wenn es die beschworene ‚Wende' nun doch nicht gibt, auf der Rechten notieren.

Nicht allein der linke Intellektuelle, Jürgen Habermas, sieht die Rechte in „mißlicher Situation". Auch der unverplante Beobachter ist, mit andern Begründungen als Habermas, von der problematischen Lage der Rechten überzeugt. Der Kritiker von links freilich nutzt sein polemisches Recht, das

Dilemma zu vergröbern: Habermas beschreibt „das ideologische Klima der siebziger Jahre" als eine „Mixtur aus neu- und altkonservativen Strömungen". „Einerseits werden die Werte der protestantischen Ethik beschworen, . . . andererseits staffiert man private Welten, die als Stoßdämpfer gedacht sind, mit Assoziationen an vorbürgerliche Traditionen aus . . ." Die „Ideologieplaner und ihre intellektuellen Helfer"[43] sind auch in dieser Kritik von links nach rechts die Verantwortlichen für die Gesinnungstrends. Den Attraktionsmangel des Konservativen aber nun in der Nazi-Schändung des Traditionsgedankens zu sehen[44], scheint eine allzu bequeme Erledigung des Problems. Am Durchblick kann dem Gegner der Konservativen freilich wenig liegen. Linke und Rechte beschuldigen sich überdies wechselseitig mit auffallend oberflächlicher Argumentation der Vaterschaft für den Terror. Die Dürftigkeit der polemischen Bemühung gewinnt auf diesem Felde Denunziantendimensionen. Die Auseinandersetzung um die Ursachen des Gewaltproblems zeigt die linken und rechten Ideologen am Werke: Intellektuelle, denen in der geistigen Bewältigung der Phänomene das Augenmaß für Realitäten abhanden kommt. Als Gesinnungs-Intellektuelle sind die Streiter dann doppelt geblendet: Ihre Praxis bezüge sind dünn, und ihr Geist, der um so freier urteilen könnte, ist parteiisch.

Das Dilemma der Rechten ist in der Tat komplizierter, als es die Vordenker auf der Linken beschreiben. Freilich fällt auf, daß die Linke weniger Anlaß zur Auseinandersetzung mit der Rechten sieht als diese umgekehrt. Da der Konservatismus defensiv antreten mußte, war die Abwehr des Gegners eines seiner Hauptgeschäfte. Argumentierend und theoretisch hätte sich die Rechte sonst kaum artikuliert, da sie praktisch beschäftigt ist, wo sie ihren Zielen folgt. Dem theoriebezogenen Intellekt der Linken, der sich strahlender Überzeugungskraft erfreute, tritt die Rechte der sechziger und siebziger Jahre deshalb in der Rolle der Reaktion entgegen, die immer eine schwache Position ist.

Ihr Dilemma, das historisch verbürgte Züge trägt[45], verschärft sich gegenwärtig, weil der Boden, auf dem die Rechte argumentiert, für die Mehrzahl der Zeitgenossen nicht mehr fühlbar ist: Der Konservatismus, und dies steckt in Habermas' Polemik gegen die „protestantische Ethik", denkt in Kategorien, die ohne den weltanschaulichen Überbau des Christentums oder einer christlich geprägten Sittlichkeit nicht mehr begründbar erscheinen. Ob sie nicht auch außerhalb des streng christlichen Menschenbildes funktionieren, dies ist die Frage, die zwar implizit Protagonisten des Konservatismus beschäftigt, wo immer sie ihre Werthaltungen verteidigen. Die ‚rechten' Werte selbst aber geraten deshalb ins erbarmungslose Feuer der linken Kritik, weil sie ohne Überbau und ohne Boden wie die verblasenen Reminiszenzen der ewig Gestrigen wirken. Ansätze zur Begründung der konservativen Position im ausgreifenden historischen Kontext einer philosophischen Menschensicht, die im Christentum lediglich gleichlautend wiederholt wird und den Erben keineswegs auf „protestantische" Traditionen festlegt, zeigen sich hie und da in den Grundsatzformulierungen der Rechten. Überwiegend aber wirkt die konservative Positionsmeldung wie ein Textfragment, zu dem die Melodie fehlt.

„Sekten abseits der Geschichte"[46] sind die Konservativen, wenn man ihre Vermittlungsprobleme mit ihrer Weltsicht gleichsetzt. Als Gegner des technologischen Politikverständnisses, das heute auf der Linken für eigene neukonservative Wendungen verantwortlich gemacht wird, waren die Konservativen längst in ihrem Element, als ihnen die Linke dort den Rang ablief. Die Kritik am materiellen Genußstreben hat die Rechte schon vertreten, als die Fortschrittsideologen noch mit der Optimierung der materiellen Existenz beschäftigt waren.

Der Gegensatz ist ein solcher des Welterlebnisses. Da jüngste Tendenzen einer naturwissenschaftlich-technischen Weltsicht den Vorrang einräumen, erscheint die konservative Optik als hochgradig ‚ideologisch': Ihre Basis, der klassische Wissenschaftsbegriff, ein aristotelischer Begriff der Ratio, der den

Vorrang des menschlichen Subjektes in den ethischen Institutionen und im politischen Handeln philosophisch absichert[47], ist den meisten Konservativen heute keineswegs klar gegenwärtig. Konservatives Dilemma herrscht auch deshalb, weil das Gedankengut der Rechten ohne großen geistigen Aufwand von weiten Kreisen noch reproduziert und assimiliert wird, ohne daß die Verfechter es rational ergründet hätten und verstandesmäßig zu verteidigen wüßten. Hier setzt das Mißtrauen der theoretisch geschulten Linken an: Ihr Ideologieverdacht gegen die Rechte meint jenen dumpfen Gesinnungskonservatismus, der nicht argumentieren kann, weil er dem Gefühl für Traditionen des Guten und Rechten, der Intuition für das Bekömmliche und Zuträgliche entstammt, das in trüber Mischung mit Christentum und gutbürgerlicher Moral von Generation zu Generation unreflektiert weitergereicht wurde. Heute, so scheint es, wird die Aufarbeitung dieser Bestände durch die intellektuellen Vordenker der Rechten dringlich. Die Linke, soviel ist sicher, wittert den Erbfeind, die Religion, in der konservativen ‚Ideologie'. Sie dämonisiert deshalb diesen Gegner, schmäht mehr als es seine schwache Position verlangt, verachtet ihn gründlicher, als es eine Ideologie tun müßte, die dem Geist der Zeit so dicht auf den Fersen ist wie die Linke.

Als ‚Gegenaufklärer' von der Linken ernstgenommen, haben die Konservativen ihre Strategie noch keineswegs geklärt. Die Deklamation liegt ihnen näher; tatsächlich weichen sie gern in Beschwörungen des Unverlierbaren aus, wo gleicher oder gründlicherer Erfolg mit der nüchternen Wiederherstellung jener Zusammenhänge zu erlangen wäre, die das lebendige und bedingte menschliche Leben in den Mittelpunkt der konservativen Weltdeutung stellen. Das Dilemma der Konservativen ist, wenn nicht ihre Unklarheit über ihre Selbstdefinition, so doch die Unfähigkeit, diese rational vorzubringen. Als Gegenaufklärer werden sie deshalb im systematisierenden Blick der Linken überschätzt. Für das „gesunde Vorurteil"[48] zu plädieren, das zur traditionellen Grundausstattung des Konservativen gehört, muß im Duell mit der Linken törichte

Selbstauslieferung bedeuten. Dem Wachsenden und Lebendigen zugewandt, ist der Rechte ein Anwalt der Vielfalt, ein Fürsprecher und Beschützer des Individuellen. Die Linke verdächtigt ihn mit einer ihrer ideologischen Verdammungsvokabeln des ‚Interesses', da die Achtung des Verschiedenen jedem pauschal verordneten Egalitätskonzept widersprechen muß.

Das konservative Denken bleibt in den Augen der Kritiker ein Rechtfertigungsdenken für die Ungleichheit. Das Gewachsene zu respektieren, dies bedeutet immer auch Stabilisierung verschiedener Bedingungen für unterschiedliche Individuen. Der Konservatismus argumentiert mit dem Leben selbst, das solche Differenzen wertfrei setze. Der Linke greift ein, übertrifft die Natur in seiner Theorie; er beginnt mit der selbstgewissen Geistesarbeit dort, wo der Konservative Gegebenes zur Kenntnis nimmt. Die Konfrontation scheint deshalb unheilbar: Was die Rechte als Ehrfurcht vor den Gesetzen des Lebendigen ausruft, entlarvt die Linke als berechnende Stabilisierung von Ungerechtigkeit. Werte schlagen Werte, seit der Überbau beliebig zur Disposition steht. Um eines Wertes willen verändernd einzugreifen oder den Wert im wachsenden Leben selbst zu achten[49], dies ist die Kurzformel für die unversöhnliche Konfrontation der links und rechts in Gesinnungshaft gebundenen Intelligenz. Schieben wir die ungeduldige Frage auf, die hier Antworten findet: warum die Linke dem experimentierfreudigen Geistesvagabunden, dem Intellektuellen, attraktiver scheinen muß.

Unter dem Vorzeichen des Eingriffs und des Beobachtens, der Aktion und der Kontemplation, ist die Konfrontation von Linken und Rechten beschrieben. Daß der Rechte ein leidenschaftlicher Erzieher ist, entspricht seinem kontemplativen Interesse an der Entwicklung des Lebendigen; wenn der Linke heute ein besessener Erzieher geworden ist, so aus der theoretischen Prämisse, daß auf Zukunft nur jene präpariert werden können, die diese Zukunft prägen werden. Solange das kulturelle Leben nicht völlig im politischen aufging, präsentierte sich der Gegensatz zwischen Linken und Rechten als Wettstreit von Fortschrittsdenkern, die im Namen der aufklärenden Wissenschaftsentwicklungen planen, und sinnbezogenen Verfechtern der irrationalen Zusammenhänge, die von der Anschauung leben.

Daß eine dynamische Weltsicht, wie sie die Konservativen einbringen, unter Dichtern und Denkern des 19. Jahrhunderts noch besser unterzubringen war als im Zeitalter der Politisierung des geistigen Lebens[50], ist so evident, daß man die Rechte längst am Werk der zeitgemäßen Aufbereitung ihrer Werte beschäftigt glauben möchte. Da die Rechte aber in der Nötigung durch das gegnerische Vokabular nur zur polemischen Selbstdefinition kommt, liegen weiterhin mehr deklamatorische Beschwörungen vor als Reflexionen über den Begründungszusammenhang, in dem man sich bewegt. Der elitäre Zug solcher selbstvergessenen Monologe fiel schon bei der Linken auf. Da die Linke aber reichlich Gehör findet, verlangt das Wirkungsdefizit der Rechten nach Erklärungen. Warum wurde die rechts engagierte Intelligenz hier nicht kontrollierend tätig? Warum opfern die ‚rechten Intellektuellen' einer anderen Spielart von Gesinnungsblindheit ihren wachen Verstand, wenn sie die Linke wegen ihrer utopischen Realitätsblindheit meiden?

Die konservative Seite verweigert ihren Geistesarbeitern die intellektuellen Hochgenüsse, die linke Theorie als spekulative Selbstbefriedigung des Geistes bietet. Sie verweigert ebenfalls den eschatologischen Ausblick, dem der demütig-stolze Rückblick als Genußform sicherlich nachsteht. Konservative Weltsicht bietet keinen Ordnungsentwurf für das Chaos; solche Bedürfnisse müssen anderweitig gestillt werden. Der Konservative argumentiert stillschweigend, aber mit zunehmenden Reflexionslücken, in Zusammenhängen, die eschatologische Ordnungsträume aufsaugen: im Kontext der abendländischen Religion. Den Konservatismus im Hinschwinden der religiösen Bindungen wieder philosophisch voraufklärerisch anzubinden, dies will nicht gelingen – oder es wurde aus konservativem Geschichtszutrauen versäumt.

Der Rechte bietet also, verglichen mit den reinen Entwürfen

linker Intelligenz, recht wenig. Er fordert seine Parteigänger auf, sich einzurichten in unerlösten Zuständen. In Zeiten, da nur noch eine Minderheit an einen überlegenen Ordner dieses Chaos glaubt, kann dieser Weltentwurf nicht voll befriedigen. Eschatologische Totalkonzepte wie das der linken Theorie laufen dem konservativen Stückwerk den Rang ab.

Daher erklärt es sich, daß die Rechte von links so gern mit den Rudimenten des Christlichen identifiziert wird: Tatsächlich halten sich überzeugte Christen mit weniger Anstrengung in diesem Klima des Einverständnisses mit dem Unvollkommenen auf, weil sie ihre ergänzenden Sicherungen woanders beziehen. In die Wissenschaftsfeindlichkeit, die man ihm nachsagt, wurde der Konservatismus zunächst durch seine Distanzierung von der naturwissenschaftlichen Euphorie des 19. Jahrhunderts getrieben, die jedes Geschichtsbewußtsein technologisch aufzuzehren drohte. Eine synthetische Reflexion zu unternehmen, blieb den rechts und links Beschäftigten im Tempo der Entwicklungen keine Zeit; die politische Anwendung naturwissenschaftlich-technischer Gesetzmäßigkeiten auf den Menschen selbst tat das Ihrige, den Fortschrittsglauben der Linken zu bestätigen und das Erhaltungsethos der Rechten zu dramatisieren.

Je unübersichtlicher die Machterweiterung des Prinzips Maschine wurde, desto entschiedener vertraten geschichtsbezogene Denker den Vorrang des Organischen. Der Geist als Schöpfer eines neuen Anfangs fasziniert die Zukunftsdenker; als Interpret des Lebendigen sammelt er die Gegenpartei, die den Augenblick ernst nimmt und gestaltet. Linke und rechte Intellektualität stehen sich in diesen gegengeordneten Prinzipien gegenüber. Noch heute, während der Fortschritt längst fragwürdig geworden ist, der wertfreie Erkenntniseifer der Naturwissenschaft aufs gründlichste in Wertfragen verstrickt wurde, verbinden sich im traditionsbeladenen Denken der Beobachter mit dem Auftritt der beiden Fronten Assoziationen, die der Linken die vorurteilsfreie Spekulation, die ‚Absicht zum Guten', zuordnen und der Rechten das glanzlose Beharren im Gestrigen, das keine Überraschungen und keine

intellektuelle Rettung aus den Bedrängnissen der irdischen Unordnung verspricht.
Die Rechte leidet unterdes zusätzlich und zunehmend in unseren Tagen an dem selbstauferlegten Kostümzwang: eine ‚Theorie' zu verkaufen, weil den Gegner eine solche zum Erfolg führte; ‚wissenschaftlich' im Sinne der Erkenntnistheorie zu argumentieren, wo sie anthropologisch und psychologisch ein zureichendes Instrumentarium fände. Der ‚Vorsprung'[51] der Linken verführt die Rechte zu jener hochmütigen Besserwisserhaltung, die keinerlei Erkenntnis nach außen vermittelt. So sprechen die Konservativen einander hinter verschlossenen Türen Mut zu, während sie in Kategorien wie Nüchternheit und Unerbittlichkeit sich angemessen bewegen könnten. Die Konservativen tragen an ihrer ideologischen Last so schwer, wie die Vorurteile der Linken es ihnen verordnen – oder wie ihr eigenes ungeklärtes Gewissen es vorschreibt. Diese Last treibt sie in die Pose des Märtyrers, die ihre Reflexionsmängel nur bestätigt. Freilich hat auch die Linke, seit man rechts etwas an Boden gewinnen konnte, erste Märtyrer, die den Glaubenscharakter der wissenschaftlichen ‚Theorie' belegen.
Die Vermittlungskrise der Konservativen spiegelt exakt jene Generationenkrise zwischen Vätern und Söhnen wider, die mit der dubiosen Vergangenheit nur einen Vorwand zu ihrer Begründung heranzieht. Die Nazivergangenheit ihrer Väter ist eine allzu flinke Schutzbehauptung der Söhne, denen bis heute nicht gänzlich klar ist, wie sie sich das Klima dieser Zeit vorzustellen haben: Nur befangen erstatten Schuldige wie Unschuldige ihren Bericht. Die Rechte aber, da sie väterliche Güter mitbringt, leidet an einem Väterlichkeitskomplex, der intellektuell durchbrochen werden muß. Auch der Linken gegenüber dominiert bei den konservativen Intellektuellen die Geste des Vaters, der den ungeratenen Sohn kopfschüttelnd beobachtet. Daß dem spekulativen Denken ein jugendlicher Zug anhaftet, reicht als Begründung für dieses Rollenverhalten nicht aus.
Der interne Austausch unter konservativen Denkern hat

ebenfalls diesen Beigeschmack der väterlichen Beratung in Abwesenheit des Sorgen und Groll provozierenden Sohnes. Daß nicht einmal mehr der Wortschatz dieser Gegner vereinbar ist, dies möchte die Rechte allein dem magischen Vokabular der linken Theoretiker anlasten. In Wirklichkeit ist aber der Konservative auch im Duell mit der Linken das Opfer seines unreflektierten Dilemmas: Väterliche Werte zu übermitteln, dies gelingt über die natürliche Kluft der unterschiedlichen Gelüste – die gewöhnlich nur Chiffre der differenten Lebensalter ist – einzig auf einem gemeinsam bewahrten Hintergrund. Das feste Wertgefüge, aus dem argumentiert wird, muß Vätern und Söhnen gleicherweise verbindlich sein, damit Positionsangaben auch über Abgründe mitteilbar bleiben. Rechte und Linke teilen diesen Hintergrund nicht mehr; er kam abhanden in Gestalt der Religion nur oberflächlich, im Mitverlust der sittlichen Kategorien, die in dieser Religion aus den antiken Ordnungsentwürfen mitgeführt wurden bis in die Neuzeit, so gründlich, daß die Abwesenheit von ‚Werten' den Dialog zum Schattengefecht denaturiert. Zwar glaubt die Rechte sich im Besitz tragfähiger Normen, die nichtspekulativen Charakters sind. Wieder aber muß sie mit dem Wertekatalog der Linken in Wettbewerb treten, die dem schwülen Moralklima durch den formalen Charakter ihrer Normen entkommt: „Selbsttätigkeit", „Expressivität" und „Solidarität" sind Werthülsen, die ohne sittliche Besetzung geliefert werden und im Gewande von Werten diese selbst zur Disposition stellen.

Der Konservative hat sich mit seiner politischen Rolle in einer rational bestimmten Welt bis heute weder angefreundet noch abgefunden. Er argumentiert, wo er überhaupt dem Zwang zur Theorie sich beugt, wie ein Geisteswissenschaftler im Raum der Geschichte; er muß als ein solcher das Gewordene ernster nehmen als ein denkbar Künftiges, wenn er wissenschaftlich sauber arbeiten will. Mit diesen Mitteln gelingt es ihm bis heute nicht einmal, den Wissenschaftsbegriff der Linken zu relativieren. Praxis und Anschauung sind seine Stärke; dem Gegenstand gerecht zu werden durch adäquate

Gesichtspunkte, dies ist seine Gegenposition angesichts der normierenden Theorie. Die Rechte vermag bis heute nicht darzulegen, daß die Zukunftsverwaltung über die theoretische Norm eine Form der Vergewaltigung des Lebens ist. Sie fand noch keine überzeugende Formulierung für den Primat des Individuellen als Form der höheren Gerechtigkeit, die der Egalität überlegen ist. Die Konservativen haben noch kein Vokabular gefunden, um den Vorrang des Lebendigen vor dem Begriff, die Würde des Daseins gegen die verführerische intellektuelle Lust an Ideen zu verteidigen.

Ihre Realitätstüchtigkeit sollten die Konservativen Fleisch werden lassen, wo sie diese bislang dem Gegner zuliebe theoretisch verfremden. Konservative ‚Theorie' aber ist ohne jede Verführungsqualität, weil sie den eschatologischen Schmelz der linken Lehre für ihre irdischen Güter nicht usurpieren kann. Die Kategorien des Gegners werden mit jener abweisenden Geste des Geschichts- und Moralverwalters diskutiert, die monologisch bleiben muß.

Es sind die Konservativen, die den neurotisierten Zustand der Jugend anprangern. Ihre Lehren jedoch tragen sie vor, als hätten sie kerngesunde Bauernjungen vor sich, die auch im Geisteshaushalt essen, was auf den Tisch kommt. Das ‚Glück', vergewaltigt im Lustgewinnprinzip moderner Emanzipationsanweisungen, müßte von Konservativen gründlicher geklärt werden als in der distanzgebietenden Tugendbindung ans ‚Gute' und ‚Rechte'. Das Aufgehobensein des Individuums in angemessenen und deshalb wohltuenden Umständen kann als eine bescheidene Vorbedingung für ‚Glück' in der Egalitätsdiskussion mit der Linken auftreten.

‚Solidarität' spendet partielle Befriedigung; sie ist als Leistung zwar glücksbezogen, bleibt aber leer ohne werthafte Inhalte. Die trügerischen Selbstwerte, die von der Linken in Gestalt humaner Vollzugsformen angestrebt werden, können nur in der Konfrontation mit nährenden humanen Substanzen geklärt werden. Das ‚Glück', das über die Freigabe schrankenloser Lusterlebnisse nicht erreicht wird, ist auch den Konservativen einstweilen zu kompliziert für Beschreibungen. In der

heute gebotenen Dürftigkeit als soziales Glück beschrieben, ist das ‚Glück', wie die Freiheit auch, in den favorisierten Zusammenhang mit Quantitäten getreten: ‚Freiheit', als Freiheit von materiellem Mangel bis zur Unkenntlichkeit verstümmelt, wird erst heute Schritt für Schritt zum immateriellen Wert geadelt; das ‚Glück' als soziale Kategorie nimmt an der allgemeinen Degeneration der Werte zu Sozialgenüssen teil. Es entzieht sich deshalb vollends. Aber auch die Konservativen können keine Feste mehr feiern; auch sie leiden an der Ohnmacht zu trauern.
Hätten aber nicht gerade die Rechten, die den heilen Kulturbezug nach rückwärts gegen die irreale Humanitätsvision in der Zukunft halten, die Mittel für solche Deskriptionen? Wenn ‚Glück' aus sittlichen Werten aufblüht, die im ‚Rechten' nicht nur das Erlaubte und im ‚Guten' nicht allein das Moralische meinen, dann müßte sich dieser zentrale Konfliktwert doch beschreiben lassen ohne philosophische Staubentwicklung, ohne anachronistisches Pathos. Aber der Konservative zieht die Dornenhecke um das Glück, er umzäunt es wie die Tugenden des Fleißes, der Ordnung und der Disziplin, die so unentbehrlich sind wie das ihnen allen ausgelieferte Glück der Menschen. Wenn Jürgen Habermas in Unkenntnis der Mitwirkung der Linken an diesem Verlust den Fehlbestand an Brüderlichkeit beklagt, die in der Trias mit Freiheit und Gleichheit gedeihen soll und dies nicht von ungefähr verweigert, dann ist damit der Hinweis für die Rechte gegeben, daß das Gewachsene sich vor dem Gemachten dann zurückzieht, die Praxis dann in der Theorie erstickt, wenn die Theorie lebensfeindlich wird.
Die konservative Kategorie der Brüderlichkeit entweicht aus dem Zukunftsbau, sie bleibt verfügbar. Wenn die Rechte nun aber ihre Werte hortet, statt sie der Jugend verlockend anzurichten, so versäumt sie ihr Teil an Brüderlichkeit.
Daß die Anleitung zum Konflikt inhuman ist auch unter der Flagge der Humanität, daß Emanzipation und Kritikfähigkeit erst auf dem Boden einer gesicherten Urteilskraft human sind, ohne diese aber als leere Passepartouts beliebige und

auch menschenvernichtende Inhalte aufnehmen können, dies alles ist adäquater Stoff für konservative Köpfe. Daß der ‚Anspruch' des jungen Menschen als antizipierte Humanität von den erwachsenen Begleitern gestaltet werden darf, damit er daran lernen kann, ihn wahrzunehmen; daß Emanzipation in der Sprengung der natürlichen Herkünfte vereitelt statt geleistet ist; daß, schließlich, die auf den einzelnen zugeschnittene Chance die im tieferen Sinne ‚gleiche' ist, weil die Menschen verschiedene sind; und endlich: daß ‚Glück' aus dem Zusammenwirken von Lustverzicht und Fülle, Bindung und Freiheit entsteht, dies muß von Konservativen geduldiger und bescheidener erläutert werden, als es im polemischen Dialog möglich scheint.
Daß alle Elemente, die in solcher differenzierten Wertlehre vorkommen, von der Jugend aufgenommen werden, dies beweist die jugendliche Affinität für die Abstraktionen der linken Theorie; denn diese sind nichts anderes als Verzichtforderungen und asketische Ideale. Solche Energien umzuleiten, ohne die jugendlichen Träume zu verbieten, die gedächtnislose Väter gebieterisch vergessen lehren wollen, dies wird freilich einen Wandel des Selbstverständnisses der Konservativen erfordern. Synthesen von linker Zukunftspoesie und rechter Realitätsprosa unter solchen Zeichen vorauszudenken, dies wäre der Part des Intellektuellen, den noch kein Bekenntnis verschluckt hat.

Intellektuelle als Indikatoren

Der zeitgeschichtliche Augenblick der allgemeinen Wertdefizite ist die Stunde der Intellektuellen. Nicht nur als Sinnerklärer und Hersteller von Wertsurrogaten entfalten sie geistige Macht, sondern auch als Analytiker des Dilemmas könnten sie Gedankenfreiheit nutzen und denkerische Macht entwickeln. Die Spaltung der Intelligenz verteilt aber ihre Machtmöglichkeiten in zwei ungleich große Blöcke. Daß die Linke dem Zuschnitt des Intellektuellen im westlichen Teil der Welt, wo sie ein weitgehend spekulatives Dasein ohne sich häufende Beweislasten führt, mehr Terrain anbietet als die konservative Rechte, läßt sich nicht mehr bezweifeln.

Zwar beschlich den linken Intellektuellen Unbehagen, als er sich in Deutschland vorübergehend im Bündnis mit der institutionalisierten Macht wiederfand, die er in der Rolle der Opposition favorisiert hatte. Unterdessen relativierten sich aber die politischen Gräben derart, daß die Intellektuellen der Linken ins rein geistige Klima der politisierten Kultur zurückkehrten und ihre theoretische Verwaltung der unzureichenden Wirklichkeiten als eine Form der Alleinherrschaft über die Wahrheit ausbilden konnten.

Auf der Rechten ist der theoretische Selbstfindungsprozeß noch immer nicht abgeschlossen; der intellektuelle Habitus gelingt inzwischen besser, Ansätze zu Analysen auch der eigenen, nicht nur der gegnerischen Position werden sichtbar. Den Abstraktionsgrad der intellektuellen Ideologie der Linken zu erreichen, muß jedoch ein müßiges Unternehmen bleiben, weil die Rechte ihre Wahrheit nicht aus der Luft greifen kann, sondern aus dem Boden graben muß. Der historische Augenblick ist einem solchen Konzept nicht günstig. Verlegenheit und Zorn derer, die es dennoch vertreten müssen, sind spürbar, ihre Unlust zu Erklärungen dessen, was sie als gültig und dauerhaft erkennen, wird nicht vernünftiger durch ihre Verständlichkeit.

Der Wettlauf der qualitativ definierten Werte mit den Quantitäten der Beglückung, die von Zukunftspropheten auf der Linken prognostiziert werden, kann mit den Mitteln der Rechten gegenwärtig nicht gewonnen werden. Gesinnungsfreunde zu finden, müßte den Konservativen heute weniger wichtig sein, als intellektuelle Potenz an sich zu binden, die an der Aufklärung der verlorenen Posten interessiert ist, auf denen konservative Positionen mit anachronistischer Argumentation verteidigt werden.

Der intellektuelle Beobachter der Konfrontation von Linken und Rechten müßte die moralischen Ansprüche der Linken in ihrer formalistischen Lebensfeindlichkeit enttarnen, er müßte im gleichen Atemzug der Rechten die Zumutung vorwerfen, die in den kommentarlosen Zitaten eines Wertgeflechts liegt, das ohne überlegene Ordnungsprinzipien nicht mehr als Ordnungsentwurf kenntlich wird. Rückgriffe auf Platon und Aristoteles, die man unter konservativen Intellektuellen zuweilen diskutiert, um die Beweisstücke für die Funktionsfähigkeit eines säkularen Wertekatalogs wieder greifen zu können, sind für die Außenwirkung höchstens als Grundlage brauchbar.

Der verführerische Charakter der linken Theorie lebt zum guten Teil vom Mangel an ebenbürtigen Angeboten auf der Rechten. Da sich Mehrheiten heute williger denn je den intellektuellen Vordenkern anvertrauen, erwachsen für geistige Eliten unübersehbare Möglichkeiten der intellektuellen Machtergreifung. Die Linke stillt unter der Maske eines gegenläufigen Konzepts hierbei die Transzendenzbedürfnisse am wirksamsten. Rechts harrt man ohne große Überzeugungsanstrengungen in der trüben Realität aus, ohne den eschatologischen Notstand der vielen zur eigenen Tugend zu machen.

Es kann der Rechten freilich nicht empfohlen werden, gleichen Heilsersatz anzubieten wie die Linke. Wenn sie aber ihr Verhältnis zum Menschen so ernst nimmt, wie es konservative Gesinnungen verlangen, müßte sie ihr Selbstgespräch aufschieben zugunsten einer konkurrenzfähigen Außenwirkung. Die konservative Verachtung aller Markttugenden droht heute zur Unterschätzung des konservativen Gedankengutes selbst zu führen. In den Vollzugsformen, keineswegs in der Lehre, müssen sich die Konservativen endlich auf den Boden ihres Zeitalters begeben, wenn ihnen nicht die Zukunftstüchtigen endgültig den Rang ablaufen sollen.

Die Rechte, der man ein allzu positives Verhältnis zur Macht nachsagt, hat die Wendung zum materiell-naturwissenschaftlich definierten Machtbegriff unserer Tage zwar geleistet; das wissenschaftlich-schöngeistige Verständnis vom Intellektuellen hat sie aber keineswegs aufgegeben. Ihr Moralbegriff scheint ebenso diffus und ungeklärt wie jener der Linken.

Die konservative Seite hat aber ihr zusätzliches Problem auf dem Feld des Moralischen darin, daß sie sich im Grunde für Fragen der Moral zuständig glaubt. Da sie jedoch mit Moralzitaten arbeitet, deren Kontext abgebröckelt ist, weckt sie Widerspruchsgelüste bei allen, denen der mitzitierte Überbau nicht mehr geläufig ist – insbesondere bei der Jugend.
Die Differenz im Sittlichen verlangt aber dringender nach Klärung als die zahlreichen Intellektuellenkonflikte unter Eingeweihten, die zwischen Rechten und Linken ausgetragen werden. An den ethischen Werten, die von Konservativen kommentarlos postuliert werden, scheiden sich die Geister. Daß nicht die Begriffsgestalt, sondern die Füllung umstritten ist, erweisen die unversöhnlichen Konfrontationen von Rechten und Linken zum Glücksbegriff, zu Fragen von Autorität und Leistung, Ordnung und Kritik, Disziplin und Repression, Humanität und Mündigkeit, Freiheit und Wissenschaft, Erkenntnis und Interesse. Mit eherner Konsequenz stehen sich zwei Systeme gegenüber, die kontroverse Welt- und Menschensicht vertreten, wenn sie diese Güter definieren. Hier warten die Felder der Konfrontation auf geduldige Arbeiter; mit Losungsrufen und Parolen ist nichts getan.
Die Rechte könnte nirgends sauberer als in den Planquadraten der strittigen Begriffe ihre Inhalte zu diesen Begriffen explizieren, sie in den konkreten Lebenszusammenhang des hier und jetzt Gelebten einfügen, ohne auf die Nachsicht ihrer Mitdenker oder, schlimmer, auf den gefühlsbetonten Traditionalismus ihrer blinden Parteigänger angewiesen zu bleiben. Heute lebt die Rechte in großem Umfang von spontanen Sympathien, die auf Gemütswerten beruhen. Im individuellen Traditionsbedürfnis des einzelnen klingen solche Anhänglichkeiten um so stärker durch, je dürftiger die rationalen Kontrollen sind. Hier bezieht der Vorwurf an die Rechte, sie habe die unreflektierten Traditionalisten auf ihrer Seite, seine Begründungen.
In der Tat finden sich immer noch wenige unerbittliche Reflektierer in den Reihen der Rechten. Quantitäten des Lustgewinns als Mißverständnis von ‚Glück', Humanität als

Zukunftsmusik für Nachgeborene, Chancengleichheit als Surrogat von Freiheit, Kritik als Prinzip in der Selbstaufhebung: ‚rechte' Skizze ‚linker' Verwechslungen, die eingehend begründet werden müßte, wenn die Rechte aus dem polemischen Stadium durchbrechen will zur konstruktiven Selbstdarstellung.
Aber die Intellektuellen sind verplant. Sie sind in vorderster Reihe auf beiden Seiten zu Bekennern und Rhetorikern geworden, tatsächlich gefesselt von ‚Interesse', das ihre Erkenntniskräfte lahmlegt. Die Linke hat ihr Programm in voller Breite aufgeschlagen; es ist dogmatisch und damit von utopischer Humanität, die das Mitmenschliche der Lehre nachordnet; es ist rational und ideenreich, es verweigert sich der individuellen Einzelheit im Namen einer kollektiven Verwaltung von künftigem ‚Glück'. Es ist ein Kodex der guten Absichten, die für die Tat genommen werden wollen und im gedankenreichen Abendland mit dieser Verwechslung guter Erfolge sicher sein können. Das Konzept der Linken fußt auf dem unsicher gewordenen Gewissen der Europäer, die Defizite an Humanität aufholen wollen ohne zu wissen, was sie sich darunter eigentlich vorstellen sollen, nachdem ihre Richtschnur abhanden kam. Der christliche Idealismus, umgebogen auf die soziale Beglückungstheorie, ergreift den gedankenreichen und spekulativen Kopf des westlichen Gebildeten mit unverminderter Wirkung: Im alten Medium, dem Glauben, sozusagen heimlich weiterbaden zu können mit der rationalen Rechtfertigung, welche die ‚Wissenschaftlichkeit' der säkularen Theorie schenkt: Dies muß, zumal Deutschen, einem Traumbild von der stets mißglückten Selbsterlösung gleichen. Von sich selbst und ihrer Geschichte befreit, das alte Wohlbefinden rettend, in einer neuen Lehre geborgen zu sein: Dies erscheint nicht nur den jungen Linken wie die Erlösung von der Last ihrer Väter; es gaukelt auch den Vätern die Befreiung von sich selbst vor.
Daß diese zur Rationalisierung befreiten Köpfe weiter die Tat duch Denken paralysieren, daß sie, wieder einmal, die Praxis verfehlen, weil sie zukünftige Praxis zu ordnen hoffen durch

ihre Theorie, dies geht zuweilen einigen unter den Linken auf. Die Wahl der adäquaten Tat kann unter dem Druck so vieler ungetaner Werke aber kaum gelingen. Hier berühren sich die Extreme: Die Konversion, von der Gegenseite jubelnd vorgezeigt, ist noch der leichteste und unrühmlichste Weg aus diesem Dilemma.

Die Intellektuellen, in ihrer Aufspaltung in Bekenntnishaltungen, führen verschärft ein allgemeineres Dilemma vor: Die ‚pluralistisch' freigestellte Wahl zwischen Werthaltungen enthebt nicht der Notwendigkeit, dennoch individuell auszuwählen, während die Auswahlhilfen denkbar schmal geworden sind. ‚Heimatlosigkeit', jene hin- und hergeschleuderte Schmäh- und Stolzvokabel der Rechten und Linken, ist die Verfassung zahlloser Bürger im pluralistischen Staat, die mit der ‚Freiheit', zu wählen, nicht umzugehen gelernt haben. Daß die gedachte und gemeinte Freiheit ihnen allen jemals als Geschmack auf die Zunge kommen wird, darf bezweifelt werden.

Der Intellektuelle spielt als ideologische Führungsfigur heute die Rolle des Verwalters von politisch verfärbter Kultur. Wo er nicht mitproduziert, kritisiert und redigiert er Kulturleistungen; er wirkt meinungsbildend auf der Rechten wie auf der Linken. An beiden Fronten kämpft er mit der Schwäche, sich vordringlich mit sich selbst und seinesgleichen zu beschäftigen; er ist im gleichen Maße verführbar, wie er an Reinheitsträumen und Heilsentwürfen festhält.

Dem geistigen Experiment zugetan, ist der Intellektuelle von den Reflexionsmoden der Linken nachhaltiger angezogen worden als vom wirklichkeitsgebundenen Geschäft der Rechten, das im Staub des Tages geschieht, während die Linke sich zum intellektuellen Höhenflug rüsten durfte. Als die Rechte daraufhin mit ungeschicktem Flügelschlag in die Wolken der Theorie aufstieg, hatte der linke Theoretiker bereits hoffnungslos an Höhe gewonnen, er blieb unerreichbar. Was den rechten Intellektuellen in den Niederungen der Realität an Boden gewinnen ließ, waren eher die Schwächeanfälle der Denkunlustigen, war der Beifall der traditionalistisch vor sich hin Lebenden, an deren Zustimmung dem rationalen Linken nie etwas lag, weil er mit ihnen erst in einer fernen Zukunft rechnete. Einstweilen setzte er den durchschnittlichen Mitmenschen nur als utopisch veränderte Figur in seine Zukunftsspiele ein.

Der Intellektuelle rechts hatte und hat ein hartes Brot. Ohne den anfeuernden Beifall der Jugend preist er mit verstaubtem und forderndem Vokabular das längst Bekannte. Beifall kommt allzu häufig von der falschen Seite; er fühlt es bitter, sieht sich aber wehrlos, weil ihm die intellektuelle Lust an seinen Gegenständen fehlt. Diese wieder mangelt ihm, weil er, seinen Wertbegriffen folgend, allzu große Lust mit Tugenden, wie er sie preist, für unverträglich hält. Daß Tugend Anstrengungen erfordere und lustvoll nur die Verführung auftrete, dies sind die dunklen und geschichtsprallen Vorurteile, mit denen der ernste Rechte kämpft. Jene Spielart des Intellektuellen, die hier Partei nimmt, bringt den streng kanalisierten Geist mit ein, dem es nicht häufig an Phantasie fehlt, um die Varianten intellektueller Lust zu ermessen, die ihm entgehen. Daher sind die reinsten Rechten die schlechtesten Gesprächspartner für die Linken, was deutlich nur die Linke fühlt, weil diesen reinen Rechten das Sensorium für die Natur des Gegners fehlt.

Auf diese Weise gehen die überzeugtesten konservativen Lehrer der Jugend verloren, weil sie keine Brücken bauen können; denn die Jugend braucht das Spielfeld der Phantasie, die Gärten der Spekulation mit dem Ausblick ins Irreale. Die Synthese, scheint es, zwischen ‚linker' Aura und gemäßigten Ideen will heute keinem unter den intellektuellen Köpfen gelingen. Freilich verschenken die rechts verplanten Geister ihre Chancen mit verblüffender Leichtherzigkeit. Hätten sie nicht Humanität zu bieten, die lebendige statt abstrakter Bezüge zu den Nachkommen herstellt? Aber der Rechte spielt den Lehrer der Jugend, statt sie, wie der Linke, an sein Herz zu ziehen. Weil der Linke sich verbrüdert, wird der Rechte zur Umarmung, die das Grundprinzip seiner Werte ist, unfähig. Der Konkurrenzzwang, dem er folgt, nötigt ihn

in die Nachahmung, wo er das Erfolgsgeheimnis des Gegners vermutet: Er treibt ‚Theorie', während der Linke längst mit seinen Jüngern plaudert und die Humanität der Zukunft plant, welche die stolzen konservativen Väter heute praktizieren könnten. Der ungeliebte Intellektuelle auf der Rechten liebt sich selber hauptsächlich in der Verneinung des linken Gegners, dessen lichten Standort in den Augen der jungen Gläubigen er sich häufig wünschen mag.
Mit einer Macht zur Geistesverwaltung ausgestattet wie wahrscheinlich nie zuvor, nennt der Intellektuelle heute Autoritätsanteile sein eigen, die von den Kirchen abgetreten werden mußten. Ihm fließen außerdem mit dem Rückzug des Staates auf formale Ordnungsfunktionen die ideologischen Verordnungsrollen zu, die dieser freigibt. Auf diese anspruchsvolle Weise zum Kulturdeuter und Chefanalytiker für die Bürger geworden, avancierte der Intellektuelle auch zum Prognostiker für Politiker, die Auskünfte über das kulturelle Klima nicht mehr entbehren können, seit Kultur und Politik sich unentwirrbar verquickt zeigen. Führend in der Verwechslungsleistung von Moral und Politik, ließen sich die Intellektuellen allzugern zu Beratern auch in Wertfragen machen. Der Unterscheidung von politischem Handeln und intellektueller Handlungsdistanz hätte der Intellektuelle an erster Stelle Beachtung schenken müssen, statt sie erfolgreich zu verschleiern.
So wuchs auch das Dilemma der politischen Macht, weil sie sich zur sinnreichen Anordnung von Wert- und Sachfragen nicht mehr fähig, ja schließlich nicht einmal mehr ermächtigt glaubte. Politiker wurden zu Moralisten, und der Intellektuelle, der am seltensten ein solcher ist, spielte und spielt die Rolle des Beichtvaters und Moralpredigers, ohne vom staatspolitischen Geschäft etwas zu verstehen. Nun hat sich ohnehin der Gedanke Bahn gebrochen, es gebe so etwas wie allseitig nutzbare Sachkompetenz, die sich unmittelbar aus der moralischen Anteilnahme an den Sachen, aus dem Engage-

ment also, herleite. Die Neigung der Intellektuellen, sich fraktionsartig zu ordnen, wurde durch die allgemeine Hochschätzung für Parteinahme und Bekenntnis noch bestärkt. Gesinnung sekundiert nicht nur der Erkenntnis, sie ersetzt diese. Die „Reflexionselite"[52] ist längst unter der Hand zu einer Gesinnungselite entartet, die Engagement vorlebt, statt Analyse zu leisten.

Die Intellektuellen führen die Reaktion auf den Verlust vor, der einer Analyse noch zugeführt werden müßte: Es ist der Verlust „öffentlicher Gesinnungen", die als breite Ströme gruppenhafte Zuordnung nicht nur erlauben, sondern herbeiführen und fordern. Der historischen Entdeckung der „Vernunft" folgten logisch auf dem Wege der Ersatzbildungen die Materialismen und Technologien. Das weltanschauliche Potential läuft leer, nachdem es individuell disponibel wurde. Pluralismus scheint selbst den wendigen Geistern ein Irrgarten nicht untergebrachter Sehnsüchte, eben weil er fast jede Sehnsucht erfüllbar macht. Wenn Eliten das allgemeine Urteilsvermögen bevormunden, kann von geleistetem Pluralismus noch nicht gesprochen werden.

Die Denkanweisungen der einen wie der andern intellektuellen Front an ihre Parteigänger stellen mehr als den Wettbewerb von Sachkonzepten dar, weil sie in den individuellen Wertehaushalt ihrer Zuhörer und Anhänger entschieden und entscheidend eingreifen. Hilfskonstruktion für die Objektivierung solcher werthaften Vorherbestimmung von Erkenntnis ist der magische Begriff der Wissenschaft bei der Linken, der ebenso irrationale Rekurs auf die erwiesenen Lebenswerte bei der Rechten.

Einmal in die Rolle des Seelenkäufers geschlüpft, muß der Intellektuelle sich je nach Lage seiner Geschäfte den Vorwurf der Scharlatanerie gefallen lassen. Die postulierte „Wissenschaftlichkeit" seiner Beweisführungen macht nicht nur einen wirkungsvollen Gegensatz zum Seelenhaften seiner Botschaften; der Intellektuelle bewegt sich mit der zeitgemäßen Ausdehnung wissenschaftlicher Betrachtungsweisen auf das Terrain der Werte im Felde des Unbeweisbaren, während er seinen eifrigen Abnehmern diese Komplikationen seines Wirkens vorenthält, um sie nicht zu verunsichern. Der Intellektuelle verwaltet Geist also nach den Regeln der rhetorischen, gelegentlich gar der demagogischen Kunst, und der könnte dies wissen; es steht zu fürchten: Er weiß es.

Dennoch hat er mit sicherem Blick erkannt, daß er des Odiums der Wissenschaftlichkeit auf keinen Fall entraten kann, wenn er glaubhaft sein will; Wissenschaft ist die gegenwärtig letzte relativ unbeschädigte Autorität.

Es bleibt zu fragen: Soll der Intellektuelle primär glaubhaft sein? Sollte er nicht vielmehr überzeugen, Erkenntnisse fördern durch das Angebot von Analysen, Denkergebnisse zur Disposition stellen, die andern nicht in gleicher Klarheit erreichbar sind? Da er als geistige Autorität über seine Rolle weitgehend selbst bestimmt, hat der Intellektuelle sich, im Widerspruch zu seinem objektiven Gebaren, in die Häfen der Gesinnungen gerettet. Seine Ware heißt nicht mehr Erkenntnis, obwohl sie weiter unter diesem verkäuflichen Titel läuft, sie heißt Engagement, Bekenntnis.

Auf der einsam gewordenen Mitte, wo wirklich frei gedacht werden darf, hält es keinen. Das heißt: Wer dort sich aufhält und die Bekenntniseifrigen beobachtet, kommt, da jene den Geist und das Rederecht verwalten, nicht zu Worte. Er könnte, aufgerufen, den Idealisten und Träumern vermutlich eine Menge sagen, was diese ihrerseits schon wissen, aber erfolgreich vor ihren Zuhörern verstecken. Der Mann, der stets das Gute will, steht hoch im Kurs. Er darf sich in Frieden besser befinden als jener, der das Gute schafft, weil Gesinnung in dieser Zeit mehr gilt als die Tat.

Die Dürftigkeit der Zeiten geht auch an den geistigen Eliten nicht vorbei: Zwar gelingt den Linken noch intellektuelle Lust; das ihr überlegene ‚Glück' wird als Zukunftsvokabel entrückt oder mit den Dornen konservativer Tugend geschmückt. Trauer, Zeugin jener überlegenen Humanität, die Intellektuelle an beiden Fronten predigen, gelingt längst nicht mehr. Trauer, wie das Glück, gedeiht nur in Freiheit. Rebellion und Protest, Agitation und Selbstgerechtigkeit sind die Surrogate der Trauer, die heute von Intellektuellen verwaltet werden.

Die geistige Elite könnte wissen, daß ihr Bekenntnishang dem Paradox folgt, das sie bei ihren Abnehmern nutzt: Die ungestillten Sicherheitsbedürfnisse ihrer Zeitgenossen treiben diese nicht ins Bewahren, sondern in die Irrationalität. Je sensibler die Seelen, deren man sich intellektuell annimmt, desto heftiger ihr Hunger nach irrationalen Beschwichtigungen. Hier hat die linke Intelligenz von reichen Ernten zu berichten. Die Syndrome der Orientierungsnot, Handlungs- und Entscheidungsscheu, werden von den handlungsfernen Geistesführern auf beklemmende Weise bestätigt und gerechtfertigt. Das gebrochene Verhältnis zur Realität wird als besonders ‚wissenschaftlich' sanktioniert und zu einer Breitenwirkung gebracht, wie sie der Sonderrolle des Intellektuellen nicht zukäme, verstünde er sich noch als den ausschauenden Turmgucker, der mit seinen Sensibilitäten wuchert, ohne sie im Handel feilzubieten.

Hier läge in der Tat ein wertbezogenes Verhalten des Intellektuellen: sein explosives Potential, die geistige Spekulation, nicht zum allgemeinen Marktartikel umzudefinieren. Die linke Intelligenz freilich befindet sich hier in dem besonderen Dilemma, daß sie leugnen müßte, Elite zu sein, zugleich aber ihren Status eher ausgebaut hat, als ihn zu nivellieren. Sie ersann die paradoxe Brüderlichkeit der Theorie, die ein Vorschuß auf die Egalität in der fernen Praxis sein soll.

Auf die Freiheit des unverplanten Geistes hat offenbar kein Intellektueller Appetit. Von ihr könnte man sich viel versprechen: Ausblicke auf jene Synthese der konträren Geistesfunde, die rechts und links gemacht werden; die abgewogene Harmonie eines Denkens, das aus beiden Lagern Elemente in sich vereinigt: die intellektuelle Lust der Linken mit dem Geschichtsgedächtnis der Rechten; Phantasie für Wagnisse mit konkreter Humanität.

Noch zu Anfang der sechziger Jahre war der Intellektuelle als Nonkonformist diskussionswürdig. Als der Nonkonformismus zur Gruppenqualität entartete, geriet ihm dieser Titel ins

Verräterische. Daß ‚Nonkonformismus' beschworen und eingefordert werden mußte, dies signalisiert in den sechziger Jahren den konformistischen Trend. Schon die Vokabel deutet auf den Verlust der Selbstgewißheit des ehemaligen Individualisten, der sich gegen eine Zuordnung wehrt, statt seine eigene Position selbständig zu definieren. Der ‚Nonkonformist' ist der kränkliche Nachkomme des Individualisten, dessen Ehrentitel sich unversehens in eine Verdächtigungsformel verwandelte, als das Ideal der Angleichung bekenntnisfähig wurde. Jene Kulturepochen, die den Individualisten einer einverstandenen, wenn auch komplizierten Wertschätzung versicherten, scheinen mit den sechziger Jahren dieses Jahrhunderts unwiderruflich vorbei. Nachdem seine reflektierende Absonderung so eindeutig negativ besetzt war, beugte sich mancher Einzeldenker dem Gruppenzwang, um Beifall und Zuspruch zu finden.

Die Schwäche der Intellektuellen dieser Jahrzehnte für die Utopie ist jener Faktor, der den Trend zur Linken mitverantwortet. Das spekulative Element ist in der Theorie der Linken auf einzigartige Weise mit dem abstrakt-rationalen verquickt; die so entstandene Mischung aus irrationaler, auf eine neue Weise „freischwebender" Intelligenzarbeit und wissenschaftlichem Habitus erlaubt es den Intellektuellen, ihren analytischen Anspruch aufrechtzuerhalten, der ihre Rolle sichert, und zugleich in so abgesicherter Position ihren Träumen nachzuhängen, zu denen das hoffnungsarm gewordene Zeitklima verführt. Wenn die vielzitierte Sensibilität des Intellektuellen zuverlässig ist, so müßte ihre Affinität zum Eschatologischen den Mangelbestand an Transzendenz belegen, den sich das rationale Zeitalter eingehandelt hat. Das Übergewicht der links engagierten Intelligenz wäre somit die signifikante Trendmeldung der geistigen Machthaber. Daß diese Entscheidung für das linke Bekenntnis häufiger mit der Ablehnung kirchlicher Bindungen gekoppelt ist als das Engagement auf der Rechten, bestätigt diesen Befund.

Solange dem Intellektuellen die Rolle des aktiven Zeitanalytikers zugedacht wird, erhebt sich freilich die Frage nach der Ideologisierung, die in solcher Bewertung einer gesellschaftlichen Gruppe steckt. Wird seine Position dagegen als Indiz der zeitgeschichtlichen Situation begriffen, so haben seine Affinitäten zu bestimmten Weltanschauungen Symptomcharakter. Die Trendmeldungen über Gruppenbewegungen in der Intelligenz werden dann für den unparteiischen Beobachter, dessen Erkenntnisinteresse mächtiger ist als seine Bekenntnislust, zu Auskünften über den Geist der Zeit.

Sensibilität und Artikulationsfähigkeit der Intellektuellen bieten ein Filtrat dessen, was als ausgreifende Bedürfnislage auch in anderen Gesellschaftsgruppen wirksam sein muß. Die Konsequenz aus solchen kollektiven Bedürfnislagen wird differenziert auftreten; sie richtet sich nach den Abstraktionsmitteln und nach den Denkgewohnheiten der verschiedenen Gruppen. Ist der Intellektuelle auch Indikator zeitklimatischer Lagen, so muß das herrschende Rollenbild vom Regisseur geistiger Strömungen differenziert werden. Hochschätzung und Schmähung des Intellektuellen, die ihm gleicherweise entschiedene Bedeutung als geistiger Akteur zusprechen, folgen offensichtlich einer Ideologie vom Protagonisten, welche die Abhängigkeit der Intelligenz von emotionalen Auslastungsproblemen verkennt.

Diese Fehleinschätzung der Intellektuellenrolle erklärt sich leicht aus dem Autoritätsbedürfnis von Mehrheiten, denen die Entlastungsfunktion der Reflexion nur mittelbar zugänglich ist. Als Sinngeber für die Vielfalt des Undurchschaubaren spielen deshalb die Intellektuellen für geistig anlehnungsbedürftige Abnehmergruppen eine stabilisierende Rolle. Die Autorität, die dem Intellektuellen aus diesen Gruppen zufließt, bestätigt, daß seine Artikulation von Bedürfnissen trotz ihrer hohen Abstraktion von den Abnehmern noch als Formulierung der eigenen Lage erkannt wird. Die Spaltung der Intellektuellen in zwei feindliche Gruppen spiegelt einerseits gegensätzliche Bedürfnislagen wider, andererseits aber auch kontradiktorische Formen, auf gleichgelagerte emotionale und geistige Notstände zu reagieren. Die unterschiedliche Reaktion wurzelt dabei im gegensätzlichen Fundus der Gruppen: Traditionalistische Bindungen, häufig religiös bekräftigt, begünstigen die Neigung zur konservativen Seite, weil die Fehlbestände an transzendenter Theorie nicht dominant werden. Weltanschaulich disponible Gruppen hingegen, die nach Umdeutung oder Ersatz für die religiösen Angebote verlangen und progreßbezogen leben, neigen stärker den intellektuellen Theorien der Linken zu, weil sie hier Surrogate für ihr Defizit an Transzendenz finden.

Seit dem Ende der zwanziger Jahre unseres Jahrhunderts hat sich die intellektuelle Existenz verengt. Umgekehrt proportional zur Erweiterung des Weltbildes und der wissenschaftlichen Möglichkeiten, wandelt sich der geistige Zuschnitt des Intellektuellen von der Erkenntnishaltung zur schmalen Selbstdefinition im Bekenntnis. Mit der zunehmenden äußeren Unordnung strebt der Intellektuelle in die überschaubare, in die festgelegte Position. Mehr weltanschaulicher Indikator des Zeittypischen als dessen freier Analytiker, hat der Intellektuelle damit tatsächlich seinen imaginären Platz freigegeben.

An wen er die zwangfreie Erkenntnishaltung delegiert hat, die sein Privileg rechtfertigte, dies läßt sich gegenwärtig nicht erkennen. Solange die Orientierungsnot in einer vielteiligen Wirklichkeit die gebietende Macht ist, werden weltanschauliche Unterkünfte das dringlichste Bedürfnis bleiben. Der Gesinnungseifer entspricht den Fehlbeständen an transzendenter Zuflucht. Erkenntnislust gedeiht nur in ausgeruhten Zuständen. Erkenntnisfreiheit aber, die in unseren weniger geruhsamen Zuständen noch zu haben ist, wird so lange in fruchtloser Parteiung verschleudert, als die Unfreiheit der Gedanken Fiktion bleibt[53].

Viele Intellektuelle leisten sich heute eine luxuriöse Kultur der Mißverständnisse von Freiheit – als wäre diese teilbar nach dem Muster der Gesinnungskonkurrenz.

Anmerkungen

1 Max Frischs Rede auf dem SPD-Parteitag im November 1977 wird zitiert nach: FAZ vom 18. Nov. 1977.
Zu den bislang gehandelten Definitionen des Intellektuellen vgl. Helmut Schelsky, Wer ist die Reflexionselite? In: H. S., Die Arbeit tun die anderen. Klassenkampf und Priesterherrschaft der Intellektuellen. Opladen 1975; München 1977, S. 131 - 157.

2 Gerd-Klaus Kaltenbrunner, Gibt es eine konservative Theorie? In: Deutsche Zeitung Christ und Welt Nr. 43, 26. Okt. 1973.

3 Richard Löwenthal, Die Utopie der Konservativen. In: Die Zeit Nr. 45, 2. Nov. 1973; Nr. 46, 9. Nov. 1973.

4 Iring Fetscher, Vom Recht, man selbst zu sein. Konservative Gedanken eines Nichtkonservativen. In: Deutsche Zeitung Christ und Welt Nr. 47, 23. Nov. 1973.

5 Georg Wolff, Ein neues Biedermeier? In: Der Spiegel Nr. 5, 29. Jan. 1973.

6 Thomas Molnar, Der Konservatismus und die Intellektuellen. In: Die Welt, 13. Mai 1972.

7 Hermann Glaser, Rückkehr durch die Hintertür. Warnung vor einer langsamen konservativen Evolution. In: Vorwärts, 2. Dez. 1967.

8 Wilhelm Ritter von Schramm, Konservativer Fortschritt. In: Die Welt, 18. Nov. 1967.

9 S. o. Anm. 2.

10 Bazon Brock, Der Bürger auf der Flucht nach rechts? In: Der Spiegel Nr. 25, 17. Juni 1974.

11 Norbert Hinske, Progressiv ist nicht mehr chic. In: Die Welt, 6. April 1974.

12 Rolf Zundel, Man trägt wieder konservativ. Warum die Sozialdemokraten Anhang verlieren. In: Die Zeit Nr. 14, 29. März 1974.

13 S. o. Anm. 10.

14 Ernst Topitsch, Wendung nach rechts? Das linke Einschüchterungsvokabular verliert seine Wirkung. In: Deutsche Zeitung Christ und Welt Nr. 35, 30. Aug. 1974. Ders., Steht der Geist rechts? Die Union hat neue Chancen bei den Gebildeten. In: Deutsche Zeitung Christ und Welt Nr. 46, 15. Nov. 1974.

15 *Carl Améry*/Armin Mohler, Die Sorgen des Oberförsters. In: Die Welt, 19. Febr. 1977.

16 S. o. Anm. 15.

17 Carl Améry/*Armin Mohler*, Die Sorgen des Oberförsters. In: Die Welt, 19. Febr. 1977.

18 S. o. Anm. 10.

19 Max Frisch, Rede auf dem SPD-Parteitag, FAZ, 18. Nov. 1977.

20 Vgl. Arnold Gehlen, Moral und Hypermoral. Eine pluralistische Ethik. Frankfurt/Main 1973. Hier: Kap. 6, Humanitarismus. S. 79–94.

[21] Zur Rolle der Humanisten vgl. Karl Mannheim, Die Bedeutung der Konkurrenz im Gebiete des Geistigen. In: Wissenssoziologie. Auswahl aus dem Werk. Eingel. und hrsg. v. Kurt H. Wolff. Neuwied/Berlin 1970, S. 581.

Zur Intellektuellenrolle im 19. Jhdt. vgl. Erwin K. Scheuch, Kulturintelligenz als Machtfaktor? Zürich 1974. Hier: Intellektuelle als Kritiker, S. 23 - 27.

[22] Vgl. Gerhard Szczesny, Das sogenannte Gute. Vom Unvermögen der Ideologen. Hamburg 1974. Hier: S. 18.

[23] Erwin K. Scheuch, a. a. O., S. 29.

[24] Karl Mannheim diskutiert den Begriff in der Abhandlung: Das konservative Denken. In: Wissenssoziologie, a. a. O., S. 454, 457, 458.

[25] Vgl. Erwin K. Scheuch, a. a. O., S. 47: das „klassische Selbstverständnis des Intellektuellen" sei es, „sich selbst für eine Verkörperung des eigentlich Objektiven" zu halten.

[26] Vgl. Friedrich Nietzsche, Die fröhliche Wissenschaft, Buch 5, § 343.

[27] S. o. Anm. 24.

[28] Zur Intellektuellenrolle vgl. u. a. Josef A. Schumpeter, Kapitalismus, Sozialismus und Demokratie. München 1950, hier: Die Soziologie der Intellektuellen; Walter Benjamin, Schriften. Frankfurt/Main 1955, Bd 2, über den Destruktiven Charakter; Helmut Schelsky, a. a. O., S. 132 - 137, 139; Erwin K. Scheuch, a. a. O., S. 27, 29, 32, 35; Kurt Sontheimer, Das Elend der Intellektuellen. Linke Theorie in der Bundesrepublik Deutschland. Hamburg 1976.

[29] Vgl. dazu Karl Jaspers, Mythos und Philosophie. In: Die Wirklichkeit des Mythos. Zehn Vorträge. Hrsg. v. K. Hoffmann. München/Zürich 1965, S. 53 - 65.

[30] Vgl. dazu Benjamins Text über den Destruktiven Charakter, o. Anm. 28.

[31] Vgl. dazu Arnold Gehlen, a. a. O., im Kapitel ‚Pluralismus' S. 41 - 45 zur Aggression; im Kapitel ‚Der Staat' S. 111 und bei Kurt Sontheimer das Kapitel ‚Die Position des systemkritischen Intellektuellen', a. a. O., S. 263 - 276.

[32] Zu den Gesetzmäßigkeiten der Religionsbildung vgl. Sigmund Freud, Über eine Weltanschauung. In: S. F., Vorlesungen zur Einführung in die Psychoanalyse und Neue Folge. Studienausgabe Bd. I (= Conditio humana. Ergebnisse aus den Wissenschaften vom Menschen. Hrsg. v. A. Mitscherlich, A. Richards u. J. Stracheyt †). Frankfurt/Main 1969, S. 586 - 608.

Jürgen Habermas hat in seinem Buch ‚Erkenntnis und Interesse' (Mit einem neuen Nachwort. Suhrkamp Taschenbuch Wissenschaft I, Frankfurt/Main 1977) die Freudsche Lehre, nach Maßgabe der eigenen Lehre ausgedeutet, in seine Theorie eingebracht. Man vergleiche besonders das Kapitel: ‚Psychoanalyse und Gesellschaftstheorie. Nietzsches Reduktion der Erkenntnisinteressen'. A. a. O., S. 332 - 364.

[33] Vgl. dazu Gerhard Szczesny, a. a. O., S. 14: „. . . die großen Übel in dieser Welt sind nicht die Folgen böser Absichten, sondern die Folgen eines unbegrenzten Willens zum Guten."

[34] Zur Ausbildung des ‚Gewissens' vgl. Sigmund Freud, Totem und Tabu. Einige Übereinstimmungen im Seelenleben der Wilden und der Neurotiker. Frankfurt/Main 1974, S. 150 - 164.

[35] Zur analogen Autoritätsstruktur von Katholischer Kirche und marxistischer Lehre vgl. Theodor Eschenburg, Exkurs über katholische und kommunistische Unfehlbarkeit. In: Th. E., Über Autorität. Frankfurt/Main 1976, S. 139 - 142.

[36] Vgl. dazu Jürgen Habermas, Stumpf gewordene Waffen aus dem Arsenal der Gegenaufklärung. In: F. Duve/H. Böll/K. Staeck (Hrsg.), Briefe zur Verteidigung der Republik. Reinbek b. Hamburg 1977, S. 54 - 72. Hier S. 68.

[37] Ebda.

[38] Jürgen Habermas, a. a. O., S. 69.

[39] Jürgen Habermas, a. a. O., S. 70.

[40] Jean-Paul Sartre hat den Bruch zwischen Theorie und Lebenspraxis beispielhaft vorgeführt in seiner Diskussion der marxistischen Lehre. Vgl. dazu J. P. S., Was ist Literatur? rde. Bd 65, Hamburg 1958.

[41] Ernst Topitsch, Wie links steht noch der Geist? Die Revolte der Halbgebildeten. In: Gerd-Klaus Kaltenbrunner (Hrsg.), Die Herausforderung der Konservativen. Absage an Illusionen (= Herderbücherei Initiative 3). München 1974, S. 129 - 141. Hier: S. 135.

[42] Jürgen Habermas, a. a. O., S. 69.

[43] Jürgen Habermas, a. a. O., S. 71.

[44] Ebda.

[45] Vgl. dazu Karl Mannheim, Wissenssoziologie, a. a. O., S. 426 u. ö.

[46] Gerhard Szczesny, a. a. O., benutzt diesen Begriff (S. 21).

[47] Vgl. dazu die Klärungsbemühungen von Martin Rhonheimer, Konservatismus als politische Philosophie. Gedanken zu einer „konservativen Theorie". In: Die Herausforderung der Konservativen, a. a. O., S. 104 - 128.

[48] Martin Rhonheimer, a. a. O., begründet die Erhaltungswürdigkeit des „gesunden Vorurteils": „Auch das bloße ‚gesunde Vorurteil' wird, wie bisher, konservatives Handeln ermöglichen. (Denn auch das ‚Vorurteil' ist eine Möglichkeit des Bewußtseins um metaphysische Sachverhalte . . .). Den Sinn für das Wahre und Gerechte im ‚unwissenschaftlichen' Bereich des Vorurteils zu wecken, ist Aufgabe der Politiker." (S. 125).

[49] Vgl. dazu Karl Mannheim, Wissenssoziologie, a. a. O., S. 602 f.

[50] Vgl. Helmut Schelsky, a. a. O., S. 149.

[51] Vgl. dazu Karl Mannheim, a. a. O., S. 604 f.

[52] Zur Begriffsbestimmung vgl. Helmut Schelsky, a. a. O., S. 131.

[53] Über die Freiheit in der Demokratie lese man Platon, Der Staat, Achtes Buch, Teil 11, eingel., übers. u. erkl. v. Karl Vretska. Stuttgart 1958, S. 366 f.

TEXTE + THESEN

GESAMTVERZEICHNIS

1 Otto B. Roegele, Die Zukunft der Massenmedien (vergriffen)

2 Erwin K. Scheuch, Haschisch und LSD als Modedrogen. Wunschdenken und Tatsachen (vergriffen)

3 Golo Mann, Von Weimar nach Bonn. 50 Jahre deutsche Republik

4 H.-J. Wasserburger, Wieviel Tier ist der Mensch? Vergleichbare Verhaltensweisen (vergriffen)

5 Rolf Geyer, Entspannung Neutralität · Sicherheit

6 Anton Böhm, Ost – West. Konfrontation oder Koexistenz?

7/8 Gerd Krämer, Wie fern ist uns Olympia?

9 Herwig Gückelhorn, Inflation – Schicksal oder Schuld?

10 Otto Gritschneder, Ehescheidung in der Reform. Eine kritische Dokumentation

11 Karl-Theodor Frhr. zu Guttenberg, Die neue Ostpolitik. Wege und Irrwege

12 Eduard Verhülsdonk, Logenplatz im Universum. Eine kosmische Standortbestimmung

13 Helmut Schoeck, Ist Leistung unanständig?

14 Hans Ludwig Zankl, Image und Wirklichkeit

15 Helmut Kohl, Hausputz hinter den Fassaden. Praktikable Reformen in Deutschland

16 Anton Böhm, Die Lage der Nation – moralisch

17 Nicolaus von Grote, Stimmen aus dem sowjetischen Untergrund

18 Pascual Jordan, Wie frei sind wir? Naturgesetz und Zufall

19 Heinz Heckhausen, Begabungsentfaltung für jeden

20 Fritz Neef, Industriegesellschaft ohne Unternehmer?

21 Harald Steinert, Unser Planet Wasser, Schatzkammer der Menschheit?

22 Hans Maier, Zwischenrufe zur Bildungspolitik

23 Otto B. Roegele, Hrsg., Kleine Anatomie politischer Schlagworte

24 Hans Georg Wunderlich, Mensch und Erde. Gefahr und Chance der Evolution

25 Helmut Swoboda, Hat die Zukunft eine Zukunft? Vom Wachstum in einer endlichen Welt

26 Winfried Schlaffke, Akademisches Proletariat?

27 Joseph Meurers, Wissen nährt Nichtwissen. Naturforschung heute

28 Helene Schreiber, Kommt der Realismus wieder? Zur Kunst der Gegenwart

29 Horst Wetterling, Ist Autorität unmenschlich? (vergriffen)

30 Helmut Schelsky, Friede auf Zeit. Die Zukunft der Olympischen Spiele

31 Peter Dittmar, Gelbe Gefahr – Rote Gefahr? China zwischen Buchweisheit und Klassenkampf

32 Wolfgang Kuhn, Biologischer Materialismus. Der Mensch ist keine Maschine

33 Heinz Beckmann, Hat das Theater ausgespielt?

34 Hugo Andreae, Berufsbildung – Bildung der Beherrschten?

35 S. v. Malewsky-Malewitsch, Auf Marx wird Rabatt gegeben. Sowjetalltag bei Licht besehen

36 Hans Maier, Die Grundrechte des Menschen im modernen Staat

37 Helmut Schoeck, Umverteilung als Klassenkampf? Zur Politik und Psychologie der Vermögensbildung

38 Klaus Hoff, Wie modern ist konservativ heute?

39 Hans J. Fahr, Raumzeitdenken – Zwangsvorstellung Unendlichkeit

40 Otto B. Roegele, Medienpolitik – und wie man sie macht

41 Rudolf Rohlinger, Die überschätzte Kamera. Fernsehen – nahbesehen

42 Peter Coulmas, Radio ohne Zukunft? Wiederkehr und Wandel eines Mediums

43 Otto B. Roegele, Hrsg., Das dritte Alter. Abgeschrieben oder aufgewertet?

44 Josef Hitpass, Radikale Minderheit – Schweigende Mehrheit. Zur Verhaltensgestalt der studentischen Jugend

45 Heinz Pentzlin, Die Kinder des Wohlstands. Herausforderung der Jugend?

46 Horst Jürgen Helle, Familie – Zwischen Bibel und Kinsey-Report

47 Lothar Bossle, Das Gewissen in der Politik

48 Thomas Nipperdey, Konflikt – Einzige Wahrheit der Gesellschaft? Zur Kritik der Hessischen Rahmenrichtlinien (vergriffen)

49 Heinz-Dietrich Ortlieb, Vom Volkskapitalismus zur Playboy-Demokratie

50 Hans Schaffner, Die Multinationalen – Ausbeuter oder Triebkraft der Weltwirtschaft?

51 Erwin K. Scheuch, Kulturintelligenz als Machtfaktor. Intellektuelle zwischen Geist und Politik

52 Wolfgang Längsfeld, Ästhetik im Alltag. Über die sinnliche Qualität der Dinge

53 Botho Kirsch, Kalter Friede – was nun? Die Konfliktstrategie der Sowjets

54 Bahro / Becker / Hitpass, Abschied vom Abitur? Hochschulzugang zwischen Numerus clausus und Massenbildung

55 Erich Gysling, Magnetfeld der Ungleichen: Amerika – Europa

56 Werner Betz, Aufs Maul geschaut. Deutsch – wie es wurde und wirkt

57 Theo M. Loch, Interdependenzen. Wer hängt von wem ab?

58 Hans Speier, Witz und Politik. Essay über die Macht und das Lachen

59 Joachim Illies, Nicht Tier, nicht Engel. Der Mensch zwischen Natur und Kultur

60 Kurt Reumann, Blick ins Innere: Berichte von der akademischen Front

61 Friedr. Graf von Westphalen, Wird die Justiz unterwandert? Der Ruf nach dem politischen Richter

62 Guido Fischer, Der Betrieb: Institution menschlicher Ordnung

63 Hermann Boventer, Gebt uns die totale Schule. Pädagogik als Allmachtstraum

64 Franz Aschinger, Welt ohne Geldsystem? Die internationale Währungs- und Finanzlage

65 Michael Braunfels, Die Krankheit der verwalteten Musik

66 Werner Betz, Sprachkritik – Das Wort zwischen Kommunikation und Manipulation

67 Joachim Illies, Adolf Portmann, Jean Gebser, Johann Bachofen. Drei Kulturforscher – Drei Bilder vom Menschen

68 Hermann Lübbe, Unsere stille Kulturrevolution

69 Hans Maier, Hrsg., Denkmalschutz. Internationale Probleme – Nationale Projekte

70 Hanno Helbling, Dauerhaftes Provisorium – Kirche aus der Sicht eines Weltchristen

71 Otto Gritschneder, Für Seelenschmerz bezahlen . . . Aufsehenerregende Gerichtsfälle

72 Willi Schickling, Rückwärts mit dem Fortschritt: Wieviel Experimente verträgt die Wirtschaft?

73 Pascual Jordan, Aufbruch zur Vernunft. Ein Naturforscher zur deutschen Besinnung

74 Heinz-Dietrich Ortlieb, Was wird aus Afrika? Rassismus · Neokolonialismus · Entwicklungshilfe

75 Max Müller, Sinn-Deutungen der Geschichte. Drei philosophische Betrachtungen zur Situation

76 Alfons Rosenberg, W. A. Mozart – Der verborgene Abgrund

77 N. Lobkowicz / A. Hertz, Am Ende aller Religion? Ein Streitgespräch

78 W. Kerber, Hrsg., Wohlstands-Kriminalität. Die neue Herausforderung

79 Dalma, Rovan, Vermehren, Razumovsky, Ramseier Euro-Kommunismus

80 Hans Maier, Sprache und Politik. Essay über aktuelle Tendenzen, Briefdialog mit Heinrich Böll

81 Christa Meves, Antrieb – Charakter – Erziehung. Werden wir ein Volk von Neurotikern?

82 O. B. Roegele / H. Beckmann, Warum unsere Kirchen leerer werden . . .

83 Gerhard Wettig, Der Kampf um die freie Nachricht

84 Hermann Lübbe, Wissenschaftspolitik. Planung · Politisierung · Relevanz

85 Heinz Pentzlin, Arbeitslos – Los der Zukunft? Wie Vollbeschäftigung zu sichern ist

86 A. Hegelheimer / M. Zöller Wider die kranke Reform: Ordnungspolitik für Bildungswesen und Arbeitsmarkt

87 Gerhard Schult, Fernsehprogramme – Programmiertes Fernsehen? Ermittelt am Beispiel: Regionalprogramme

88 Joachim Illies, Der Mensch in der Schöpfung. Ein Naturwissenschaftler liest die Bibel

89 Peter Opitz, Chinas Außenpolitik. Ideologische Prinzipien – strategische Konzepte

90 Heinz Maier-Leibnitz, An der Grenze zum Neuen. Rollenverteilung zwischen Forschern und Politikern in der Gesellschaft

91 Dominik Jost, Die Wirklichkeit des Dichters

92 Willy Zeller, Die unvollendete Union. Qualitätsmängel der Europäischen Gemeinschaft

93 Heinrich Oberreuter, Kann der Parlamentarismus überleben?

94 Hanno Helbling, Hrsg., Religionsfreiheit im 20. Jahrhundert

95 F. G. Friedmann, Carters Amerika. Kultur – Religion – Politik

96 Hatto Schmitt, Vademecum für empörte Eltern. Absurdes aus der Schulpolitik

97 Werner Betz, Verändert Sprache die Welt? Semantik, Politik und Manipulation

98 Rudolf Ströbinger, Anatomie eines Staatsstreichs. Wege zur neuen Weltrevolution

99 O. B. Roegele, Was wird aus dem gedruckten Wort? Vom Lesen als Bürgerpflicht

100 TEXTE + THESEN + SOTTISEN, Jubiläumsausgabe

101 Nikolaus Lobkowicz, Marxismus und Machtergreifung. Der kommunistische Weg zur Herrschaft

102 Elisabeth Noelle-Neumann Werden wir alle Proletarier? Wertewandel in unserer Gesellschaft

103 Friedrich Karl Fromme Der Parlamentarier – Ein Freier Beruf? Gemeinwohl · Bindung · Unabhängigkeit

104 Horst Wetterling Die Schule als Lernfabrik. Wie unsere Kinder abgerichtet werden

105 Heinz-Dietrich Ortlieb Vom totalitären Staat zum totalen Egoismus. Anarchistische Schatten deutscher Vergangenheit

106 Gertrud Höhler Gesinnungskonkurrenz der Intellektuellen

107 Otto Schulmeister Die erschöpfte Revolution. Von der politischen Utopie zum Leerlauf der Zeit

108 Geiger / Mai / Burghart Der öffentlich-rechtliche Rundfunk. Zwischen Staat, Parteien und Interessen

109 Klaus Emmerich Ist Nord-Süd-Entspannung möglich? Eine neue Politik für eine neue Front

110 Theodor Wilhelm Staatsschulen – Staatsbeamte. Erlaubt das System pädagogische Freiheit?

111 Stefan Kisielewski Polen – oder die Herrschaft der Dilettanten. Sozialismus und Wirtschaftspraxis

Die Reihe wird fortgesetzt – Fordern Sie Sonderprospekte an:

Edition Interfrom AG · Zürich
Vertrieb für die Bundesrepublik Deutschland:
Verlag A. Fromm · Osnabrück